KB233766

사회사의 유혹 II
다시, 역사학의 길을 찾다

사회사의 유혹 Ⅱ

이영석 지음

다시, 역사학의 길을 찾다

푸른역사

책머리에

네 번째 역사서를 세상에 내놓는다. 이전의 책들이 모두 19세기 영국 사회사를 실증적으로 탐구한 것들인 데 비해, 이번에 펴낸 두 권의 책은 그동안 관심을 두었던 역사가들의 저술을 읽고 쓴 인상기나 또는 역사학에 관한 단상을 정리한 것이다. 그러니까 일종의 사론집이라고 할 수 있다. 원래는 역사가를 다룬 글과 역사학에 관한 사론을 한데 묶어 내려고 했지만, 출판사 편집진의 권유에 따라 두 권으로 나누어 펴낸다. 사실 이 같은 글 모음집을 출간하리라고는 예상하지 못했다.

오랫동안 나는 19세기 영국 경제와 사회를 화두로 삼아 공부를 계속해 왔다. 때로는 그 전후 세기를 넘나들기도 했고, 생활사나 문화사와 같은 인접분야에 관심을 기울이기도 했다. 그럼에도 경제와 사회라는 말은 머릿속을 떠나지 않은 연구의 길잡이였다. 이러한 학문 이력을 고려하면 이 책은 내게는 별로 어울리지 않는다. 따라서 얼마간이라도 이 책을 펴낸 연유를 밝혀야 할 것 같다.

연구자라면 한번쯤 겪는 일이겠지만, 특정한 분야에서 오랫동안 연구에 몰두하다가 어느 날 문득 저 자신의 작업을 되돌아볼 때가 있다. '내가 지금 하고 있는 일이 도대체 어떤 의미가 있는가.' 이는 연구자 자신의 정체성에 대한 질문이라고 할 수 있다. 19세기 영국 사회만 뒤좇던 내가 사회사 또는 역사 연구 일반의 학문적 프로토콜을 다시 생각하게 된 것은 1997년 무렵이 아닐까 싶다. 그 이전까지만 해도 나는 역사이론이나 역사가에 관한 글을 쓴 적이 별로 없다. 역사 인식 또는 역사학의 정체성을 다루는 문제는 자신과 관련이 없을 뿐만 아니라 다른 분야 연구자들의 몫이라고 생각해 왔다.

그 무렵 나는 19세기 영국 노동사를 정리하다가 역사가들 사이에 벌어진 포스트모더니즘 논쟁을 접하게 되었다. 처음에는 당혹스러웠고 이해하기도 어려웠지만, 점차로 그 논쟁의 배후에 깃든 문제의식을 느낄 수 있었다. 그것은 근대역사학이 위기에 직면해 있으며 그 위기를 벗어나기 위해서는 역사가들 스스로 새로운 방법을 모색하고 새로운 전망을 추구하지 않으면 안 된다는 메시지였다. 그 이후 이 분야에 관련된 국내외 연구자들의 글을 읽으면서, 그동안 전념해 온 역사 연구가 과연 무엇을 의미하는지, 그리고 역사학의 정체성이 무엇인지를 심각하게 고민하기 시작했다. 이 과정에서 역사학이나 또는 역사가를 다룬 몇 편의 글들을 발표하기도 했다.

2005년 겨울에 그 동안 발표한 글들을 모으고 다시 정리하면서 나는 여전히 이 작업이 결코 나 자신의 본령은 아니라는 강박증에 시달렸다. 나는 지금도 역사가는 그 자신의 방식으로 과거를 재현하는 데 전념해야 한다는 고정관념을 가지고 있다. 그렇기는 하지만 지난 몇 년 사이에 발표한 이 글들이 오히려 앞으로 내 연구의 바람직한 방향을 설정하는 데 도움을 주었으면 좋겠다.

이 책에 실린 글들은 그동안 여러 지면에 발표한 것을 모았기 때문에 너무 잡다하다는 느낌을 준다. 굳이 의미를 부여한다면, 역사학 일반에 대한 필자 나름의 문제제기라고 할 수 있을까. 〈스코틀랜드 계몽운동과 오리엔탈리즘〉과 〈근대의 신화〉는 역사학에서 연구대상을 바라보는 시각과 편견의 문제를 다루고 있다. 좀더 구체적으로 말하면 앞의 것은 18세기 말 스코틀랜드 지식인들의 동양에 대한 인식을, 그리고 뒤의 것은 지난 두 세대에 걸쳐 한국의 역사가들이 바라본 영국의 역사상을 추적하고 있다.

그 다음에 수록된 글들은 역사학의 정체성을 되묻는 데 바쳐져 있다. 특히, 〈오늘의 역사학은 무엇을 할 수 있는가〉는 역사학에서 포스트모더니즘 논의를 주제로 삼는다. 몇 년 전에 국내 연구자들 사이에서는 포스트모더니즘을 둘러싼 열띤 논의가 있었다. 그 논의과정에서 비껴나 있기는 했지만 여기서 나는 몇 가지 관심사항에 대해서만은 나름대로 정리를 하고 싶었다. 〈'역사학을 위한 변론' 그 이후〉는 포스트모던 역사학을 비판한 리처드 에번스의 사론집이 출간된 이후 그를 중심으로 벌어진 몇몇 논쟁을 정리한 것이다. 특이한 것은 이 논쟁이 지면을 통해서가 아니라 사이버 공간을 통해 진행되었다는 점이다. 인터넷 시대의 영향력을 새삼 느끼게 한다. 〈디지털 시대의 역사학, 긴장과 적응의 이중주〉 또한 역사 연구에서 사이버 공간을 어떻게 이용할 것인가라는 현실적인 주제를 다루고 있다.

이제 포스트모더니즘에 대한 관심은 눈에 띄게 줄어들었다. 불과 몇 년 전의 열띤 논란을 생각하면 학문의 유행도 그만큼 주기가 짧아졌다는 것을 알 수 있다. 근래에는 포스트모더니즘을 넘어서 탈식민주의, 탈서구중심주의, 동아시아 역사상이라는 말들이 새로운 화두로 등장하고 있다. 물론 이것들이 등장하기까지는 포스트모더니즘 논의가 중요한 작용을 했을 것이다. 이러한 움직임은 또한 주체적 학문을 지향하는 이 시대의 분위기를 반영한다. 과연 서구중심주의를 넘어서 대안적 역사상의 정립이 가능한가. 이것은 쉽지 않은 일이나, 많은 연구자들의 부단한 노력을 통해서만 그 면모를 드러낼 수 있을 것이다.

이 책을 내기까지 여러 분들의 도움을 받았다. 김덕호, 김기봉, 설

혜심 선생은 이전에도 그랬듯이, 초고를 읽은 후에 세심한 부분까지
조언을 아끼지 않았다. 각 장에 들어갈 사진 자료를 정리하는 데에는
이승일군의 도움이 컸다. 무엇보다도 미흡한 원고를 보기 좋은 책자
로 출간해 준 도서출판 푸른역사에 감사의 인사를 드린다.

2006년 9월
광주 진월동에서
이영석

차례

'역사학을 위한 변론, 그 이후

디지털 시대의 역사학, 긴장과 적응의 이중주

스코틀랜드 지식인들은 근대 학문과 역사 발전의 단계를 연결시키려 했다. 대체로 변화하는 그들은 인류 사회를 진보의 방향으로 변화하며, 그리고 사회, 변화하지만 순환하는 사회, 그리고 전혀 변화하지 않는 사회 등에 유형으로 구분한 족을 보기로 각각 유럽, 오리엔트, 기타 해당되는 민족을 보기로 들었다. 각 유형에 해당하는 사회를 체계를 성찰하기 위해서는 서로 다른 학문의 체계를 수립해야 했다. 근대 사회과학은 시민사회를, 동양학Orientalism은 오리엔트 사회를, 그리고 인 미개사회를 분석하는 방법인 것이다.

스코틀랜드 계몽운동과 오리엔탈리즘

무엇이 문제인가

오리엔탈리즘이란 동양을 바라보는 서구인의 사유 방식을 뜻한다. 그것은 시대에 따라 변화하지만, 그 내용물 자체가 각 시대의 동양에 관한 담론에 직접적인 영향을 미쳤다. 오리엔탈리즘이 단순히 외부 세계를 바라보는 유럽인의 지적 호기심에서 비롯된 것만이 아니라, 유럽의 팽창이라고 하는 시대적 흐름, 더 나아가 비유럽 세계에 대한 유럽인의 지배와 밀접하게 관련된다는 점을 분명하게 드러낸 것은 전적으로 에드워드 사이드Edward Said의 연구에 힘 입었다.[1]

사이드는 영국과 프랑스 지식인들의 담론에 나타난 허구성을 폭로하고 그 속에 깃든 권력과 지배의 메커니즘을 밝히는 데 뛰어난 성과를 거두었다. 그러나 사이드의 저술은 주로 유럽인의 이슬람 세계에 대한 이미지 형성 및 그 왜곡 과정을 다루었고, 동양학 관련 문헌만을 분석했다는 한계를 보여준다. 이를 보완하기 위해 여기서는 18세기 말 스코틀랜드 지식인들이 동아시아를 어떻게 인식하고 있었는지 살피는 데에 초점을 둔다.

왜 스코틀랜드 지식인들인가? 19세기 영국 문화에 커다란 영향을 미친 스코틀랜드 지식인들의 활동은 흔히 '스코틀랜드 계몽운동 Scottish Enlightenment'으로 불린다.[2] 이 말은 물론 19세기 중엽에 만들어진 것이지만, 어쨌든 이 지적 흐름은 에든버러에 런던, 파리, 비엔나에 못지않은 학문적 명성을 안겨주었다. 동시대의 지적 분위기에 밝았던 미국의 토머스 제퍼슨은 이렇게 말했다. "이 세계의 어느 곳도 에든버러와 경쟁할 수 없다."[3]

사실 18, 19세기 스코틀랜드 지식인들의 문화적 성취는 잉글랜드를 '타자他者'로 의식한 결과이다. 그들은 1707년 합병 이후 현실정치를 넘어 좀더 추상적인 것, 즉 전통, 학문, 문예 속에서 그들의 자의식을 발현하려고 노력했다. 그리고 그런 노력이 '대브리튼Great Britain'의 새로운 문화적 전통으로 자리 잡기를 기대했다. 정치적 열등감은 어쩌면 문화적 우월감으로 보상받을 수 있을 터였다. 이러한 의식구조를 가장 잘 보여주는 사례가 《브리태니커 백과사전Encyclopaedia

TYCHO BRAHE

Britannica》이다.

여기서는 스코틀랜드 계몽사상가들의 동양을 바라보는 시선을 탐색한다. 애덤 퍼거슨Adam Ferguson을 비롯한 스코틀랜드 지식인들은 사회와 역사를 성찰하면서 동양을 어떻게 인식했는지, 특히 《백과사전》 초판, 재판, 3판 등에서 동아시아(중국, 일본)와 인도를 어떻게 기술하고 있는지 살펴보자.

스코틀랜드 계몽운동과 브리태니커 백과사전

계몽운동이란 18세기 서유럽 사상가들이 주도한 진보적이고 자유주의적인 사상의 총체이다. 이성을 통해 인간과 사회와 세계를 이해하고, 새로운 변화를 시도한 이 지적 흐름은 소수 지식인들의 운동에 힘입은 것이었다. 그동안 역사가들은 계몽운동을 엘리트주의적 시각에서 이해해 왔다. 예를 들어 피터 게이Peter Gay는 계몽운동을 교제를 나누며 서로의 저술에 친숙한 소수 지식인들의 지적 운동으로 바라본다.[4]

그러나 이 지식인들의 주위에는 지적 운동에 활력을 제공한 온상seedbed이 있었다. 뛰어난 사상가들이 활동하는 데 도움을 준 것은 동시대 지적 생활의 분위기와 저자를 둘러싼 독자의 형성이었다. 달리 말하면, 계몽운동은 사상 못지않게 그 유포과정과 중개자들이 더욱 중요한 의미를 갖는 운동이었다. 문자해독 및 생활수준의 향상, 세속적 지식인의 증가와 같은 사회 저변의 변화가 운동에 영향을 미쳤다. 따라서 오늘날 역사가들은 저자와 독자의 상호성, 그리고 그들이 만든 공공영역public realm의 공론公論장을 중시한다.[5] 여기에서 사상과 담론을 조직, 소비하며 그 전파를 결정짓는 사회적 공간은 주로 중산계급에 의해 이루어졌다.

그동안 유럽의 역사 서술에서 계몽사상은 단일한 전개과정을 거친 지적 운동으로 여겨졌다. 모든 상식적인 것들을 의심하는 회의주의scepticism와 이성중심주의, 그리고 이를 통한 사회비판의 움직임을 같은 계보系譜를 통해 이해하려는 경향이 강했다. 이에 따라 프랑스 계몽사상가들이 이 지적 운동의 가장 중요한 서사를 형성해 왔다. 그러나 계몽사상의 흐름에서 이에 못지않게 중요한 역할을 한 것은 스코틀랜드 지식인들이었다. 철학과 사회과학 분야에 뚜렷한 발자취를 남긴 데이비드 흄David Hume(1711~1776), 윌리엄 로버트슨William Robertson(1721~1793), 애덤 퍼거슨(1723~1816), 애덤 스미스Adam Smith(1723~1790), 존 밀러John Millar(1735~1801), 문학 분야의 월터 스콧Walter Scott(1771~1832), 로버트 번즈Robert Burns(1759~1796), 제임스 톰슨George Thompson, 공학 분야의 토머스 텔퍼드Thomas Telford(1757~1834) 등은 그 일부 사례에 지나지 않는다

스코틀랜드 계몽운동을 낳은 기본 토양은 이 지역의 대학제도에서 마련되었다고 할 수 있다. 16, 17세기에 스코틀랜드의 종교개혁 지도자들은 교회 자체의 개혁에서 더 나아가, 젊은이들을 교육함으로써 스코틀랜드 사람들이 영적 갱신과 함께 새로운 지식과 도덕을 고양하기를 소망했다. 대학교육을 중시한 이러한 전통은 존 녹스John Knox(1513~1572), 조지 뷰캐넌George Buchanan(1506~1582), 앤드류 멜빌Andrew Melville(1545~1622) 등으로 굳건하게 이어졌다. 녹스는

주교제도를 장로체제로 바꾸었고 스코틀랜드 대학교육을 혁신했다. 멜빌 또한 글래스고 대학과 그리고 세인트 앤드루스 대학 세인트 메리 칼리지의 학장을 역임하면서 이전보다 좀더 체계적인 교육제도를 도입했다. 이들의 영향을 받아 새로운 학문을 열망하는 젊은이들이 대학에서 지식을 쌓는 데 전념했다. 18세기에 에든버러, 글래스고, 세인트 앤드루스, 애버딘 대학의 명성은 전 유럽에까지 퍼졌으며, 잉글랜드와 스코틀랜드는 물론 대륙의 많은 젊은이들이 이곳에서 교육받기를 원했다.

그러나 이것만으로 왜 18세기에 스코틀랜드의 수많은 지식인들이 새로운 문화와 사상의 형성에 중요한 기여를 하기 시작했는지 설명하기에는 미흡하다. 이 새로운 지적 흐름은 1707년 잉글랜드와의 통합이라는 정치적 상황과 밀접하게 관련된다. 스코틀랜드 계몽운동은 합병 이후 스코틀랜드 사람들의 새로운 대응방식을 반영한다. 이제 스코틀랜드는 더 이상 잉글랜드와 정치적 대결을 고집할 수 없게 되었다. 그러나 당대 지식인들 사이에 타자로서의 잉글랜드 이미지가 순화된 것만은 아니었다. 정치적으로 브리튼에 통합되어 있으면서도 잉글랜드와 다른 정체성을 유지하려는 이중적 성향이 계몽운동에 깃들어 있다. 1767년 이후 새로운 도시계획에 따라 에든버러 시민들은 신도심지에 수도 런던의 쾌적한 분위기를 되살려냈지만, 그러면서도 단순한 모방이 아니라 런던의 대안으로서 독자적인 성격을 나타내려고 했다.

스코틀랜드 계몽운동은 문학뿐만 아니라 철학과 경제학, 그리고 사회과학 분야에서 잉글랜드 지식인들의 성취를 넘어 새로운 학문적 지평을 열었다고 평가받는다. 물론 이러한 성취는 당대 지식인들의 의도적인 노력의 산물이겠지만, 이와 아울러 문명의 중심이 아닌 주변이라는 스코틀랜드의 '지리적 위치'에서 나온 독특한 경험에 힘입었다는 점을 중시해야 한다. 특히 18세기 말 이래 스코틀랜드 지식인들이 변화하는 사회를 분석하기 위한 틀로서 경제학을 비롯한 사회과학의 방법에 깊은 관심을 표명한 것은 이러한 지리적 위치와 관련이 깊다.

산업화 초기에 스코틀랜드는 잉글랜드에서 일어난 새로운 사회경제적 변화에 간접적인 영향을 받으면서도 그 변화의 진원지에서 약간 떨어져 있었다. 말하자면 산업혁명의 중심지로 발돋움하는 지역의 변화를 유심히 관찰할 수 있을 만큼 가까이 있으면서도 그 변화의 충격에서는 어느 정도 자유로울 수 있는 거리에 있었던 것이다. '중심'에서 나타나는 새로운 변화는 대체로 그 변두리에서 오히려 좀더 빨리 그리고 분명하게 보이기 마련이다. 스코틀랜드 지식인들은 잉글랜드의 새로운 변화를 뚜렷하게 인식하면서도 그 현상을 객관화해 이를 새로운 개념으로 재구성하는 데 유리한 위치에 있었다. 18세기 후반에 애덤 스미스가 노동이 부의 원천이라는 새로운 개념을 통해 국민경제를 이해하려고 시도한 것이나, 퍼거슨이 시민사회라는 새로운 개념을 통해 사회 변화를 포괄하려고 한 것은 결코 우연한 일이 아니다.

에든버러 식자층의 주류는 전문 직업인이었다. 그들은 전문적 식견을 지녔으면서도 남부로 진출할 만한 재력을 갖추지 못한 소지주, 변호사, 상인, 문필가, 제조업자, 교사, 목사들이었다. 18세기 후반 이래 이들 지식인의 담론 세계와 문화는 스코틀랜드 민족주의 없이는 이루

어질 수 없는 것이었다. 그리고 이들의 계몽운동은 한편으로는 전前
산업적 요소가 깃들어 있으면서 다른 한편으로는 쇠락한 잉글랜드를
대신해서 브리튼 문화를 되살려야 한다는 강한 자의식이 숨어 있었
다. 우리는 당대 에든버러 지식인들의 토론모임이며 이들의 저널과
출판 활동 등에서 이러한 분위기를 감지할 수 있다.

예를 들어, 1764년 첫 모임을 가진 에든버러 사색협회Speculative
Society는 지식인들의 자발적인 담론공동체였다. 이 모임의 고정회원
으로는 월터 스콧, 프랜시스 제프리Francis Jeffrey(1773~1850), 헨리
토머스 콕번Henry Thomas Cockburn(1779~1854) 등이 있었다. 그들은
수요일 저녁이면 에든버러 대학 구내에서 만나 술을 곁들이며 담소를
나누었다. 이 담론의 장에서 그들은 좁게는 스코틀랜드의 전통과 문
화를, 그리고 넓게는 브리튼의 문화와 정신에 관해서 토론을 벌였으
며, 그것이 지적·문화적 활력을 제공했다. 예컨대 자유주의의 산파
역을 자임했던 《에든버러 리뷰Edinburgh Review》지의 편집인들도 사
색협회를 출입하던 사람들이었다.

결국 18, 19세기 스코틀랜드 지식인들의 문화적 성취는 정치적 종
속에 대한 다른 형태의 대응이라고 할 수 있다. 그러면서도 그들은 스
스로 대브리튼의 문화 창달자임을 자부하는 이중적인 의식구조를 보
여준다. 이 의식구조를 정확하게 설명하기란 어려운 일이다. 아마도
그들은 현실 정치에서 잉글랜드에 종속될 수밖에 없는 스코틀랜드의
상황을 다른 방식으로 초극하려 한 것 같다. 여기에서 스코틀랜드 계
몽운동이 중요성을 갖는 것은 필자와 독자의 형성이라는 새로운 특징
을 보여준다는 점 때문이다. 18세기 후반 에든버러는 문필가 집단을

선두로 그들의 글을 즐겨 읽고 강연을 들으려는 공중이 형성되고 있었다. 좀더 다양한 계층의 사람들에게 지식을 전파할 수 있는 토양이 마련되어 있었던 것이다. 스코틀랜드 지식인들은 자신의 탐구결과와 지식을 다른 사람들에게 알려야 한다는 의무감을 절실하게 느끼고 있었다.

이러한 열망을 보여주는 대표적 사례가 《에든버러 리뷰》와 《브리태니커 백과사전》이다. 《에든버러 리뷰》는 서평을 중심으로 하는 영국 최초의 본격 평론지였다. 편집인들은 영국에서 출판된 여러 학문분야의 저술들을 심층적으로 분석, 비평함으로써 브리튼 문화의 르네상스를 가져오기를 기대했다.[6] 이들은 제각기 뛰어난 비평과 문필 활동을 통해서 영국 사회의 지적·문화적 정신을 고양하는 데 전력을 기울였다. 이 평론지는 19세기 '잡지의 시대'를 연 효시가 되었다.

한편 《브리태니커 백과사전》의 편찬 또한 스코틀랜드 지식인들의 문화중심주의를 보여준다. 사전 편찬자들은 당대의 지식을 집대성함으로써 '대브리튼' 문화의 발전에 이바지할 수 있으리라 믿었다. 백과사전의 출판은 아주 우연한 기회에 이루어졌다. 에든버러의 인쇄업자인 앤드루 벨Andrew Bell은 그의 동료와 함께 백과사전의 편찬에 관심을 기울였으며, 윌리엄 스멜리William Smellie에게 편집을 맡겼다. 1768~1771년 사이에 간행된 초판은 전 3권에 지나지 않았으나, 재판(1777~1783)은 10권, 그리고 3판(1797~1801)은 20권으로 늘었다.[7]

이들 판본의 편찬에 관한 기록이 별로 남아 있지 않기 때문에 어떤 지식인들이 필자로 참여했는지 정확하게 알 수는 없다. 그러나 재판 이후 수록 항목들은 당시 스코틀랜드 왕립협회Scottish Royal Society

회원들 다수가 참여하여 원고를 작성하였던 것이 분명하다. 당시 왕립협회에서 스코틀랜드 계몽운동을 이끈 흄과 로버트슨의 영향은 거의 절대적이었다. 백과사전의 초기 판본들은 스코틀랜드 계몽운동의 지적 수준과 경향을 직접 반영한다고 할 수 있다. 이제 백과사전은 한 인쇄업자의 편찬 수준을 넘어서 당대 스코틀랜드 지식인들이 총동원된, 그 시대 지식의 총화를 집대성하는 작업으로 발전한 것이다.[8] 스코틀랜드 사람들이 이 백과사전의 편찬과 개정에 커다란 자부심을 가졌던 것은 바로 이런 이유 때문이다.

사회와 역사의 인식

스코틀랜드 계몽운동을 주도한 흄, 퍼거슨, 스미스 등은 삶을 위한 학문의 정립에 관심을 기울였다. 그들이 자신의 학문을 '도덕철학 moral philosophy'으로 부르려 했던 것도 이러한 이유 때문이다. 흄에 따르면, 인간과학 또는 도덕철학은 세속적이면서도 동시에 과학적인 정신을 가지고 점차 복잡하게 변하는 상업사회에서 사람들의 행복한 삶을 마련하는 데 이바지해야 할 것이었다.[9] 도덕철학의 기초를 닦은 흄은 사람이 정의, 종교, 정치 등의 신념을 갖는 것이야말로 이성이 아니라 관습과 상상력에 의해서라고 설파했다. 인간 생활의 목표는 행복과 덕의 추구에 있다. 사람들은 정부가 자신의 행복을 유지하는 데 긴요하다고 믿기 때문에 정부에 동의하며 그에 따라 정부는 정당성을 획득한다. 중요한 것은 자유라는 추상적 개념이 아니라 정치적 안정이었다. 그 경우에만 사람은 행복을 추구할 수 있기 때문이다. 그

데이비드 흄
애덤 퍼거슨

애덤 스미스

는 사회구성원 모두가 행복과 덕목을 추구하는 사회의 전형을 18세기 영국 사회에서 찾았다. 그것은 정부가 인정한 사회적 위계와 신분 아래서 발전하는 다원적 상업사회였다.

실제로 18세기 영국 사회는 시장이 모든 활동을 포섭한 상업사회로 변모했다. 오늘날 역사가들은 산업혁명보다 한 세기 앞서서 이미 화폐자산을 운용하는 새로운 제도와 방식들이 도입되었고, 그와 함께 '금전적 이해관계moneyed interest'가 중요해졌다는 점을 중시한다. 18세기 초에 진행된 이 새로운 제도의 정착은 '금융혁명financial revolution'으로 불린다. 그것은 주로 1694년 잉글랜드 은행Bank of England의 설립과 '국채National Debt' 발행, 1697년 화폐 재주조와 사실상의 금본위제도, 구 런던 시의 전문 상인은행의 발전, 담보융자 시장의 성장, 환어음bill of exchange 이용 증가, 주식 거래, 해상 및 화재 보험의 발전 등이 이 혁명의 주된 내용이었다.

금융혁명이 진행되던 시기에 나타난 상인 세계의 뚜렷한 변화 가운데 하나는 상품을 직접 취급하지 않으면서도 무역활동에 기여하는 새로운 업종들이 분화해 나갔다는 사실이다. 신용제도가 발전하면서 국채를 다루는 사람, 주식 거래 및 중매인, 사설 은행업자 등이 생겨났다. 무역 및 상업 활동에서 자본축적의 규모는 이전보다 더 확대되었고, 그와 함께 금융활동을 통한 화폐이윤의 증식 또한 활발하게 이루어졌다. 기존 무역상인들의 일부도 금융업에 뛰어들었다. 그러나 그보다는 화폐자산을 가지고 능동적으로 이윤을 창출하려는 또 다른 세력들이 새롭게 성장했다. 넓게 보면 이들이야말로 상인과 함께 '금전적 이해관계'를 가진 사람들이었다.

　스미스와 퍼거슨은 사회의 본질이 시장과 상업에 있다는 것을 간파했다. 스미스는 상업이 봉건제의 특징인 예속 상태에서 인간을 해방시켰다고 주장한다. 이제 커피하우스는 시장이 되었고, 시민은 상업 세계의 경제생활에 참여함으로써 시민적 덕목을 갖출 수 있게 된 것이다. 다만 경제적 관계를 지배하는 법칙이 '독점monopoly' 이라는 '한심한 정신wretched spirit' 에 물들어 부패했기 때문에 이를 근절하고 시장의 자유를 보장할 수 있는 도덕적 국민과 정부가 필요하다는 점을 스미스는 강조했다. 퍼거슨도 상업사회의 도래를 진보의 과정으로 이해했지만, 스미스와는 달리 비관적인 전망을 가지고 있었다. 원래 사람은 행복과 완전성을 추구해야 하나, 상업사회가 이러한 정신을 마멸시키고 인간 갱신의 기회를 앗아가고 있다고 비판했다. 특히 산업화야말로 사회의 부패를 더욱 심화시켰다. 이를 극복하기 위해서는 무엇보다도 완전성에 대한 열망, 자유의지, 그리고 자기 창조의 정신이 필요하다는 것이었다.

　이러한 사회 변화 인식은 역사의 진보에 관한 성찰로 이어진다. 스미스와 퍼거슨은 역사의 발전단계를 인정한다. 스미스는 4단계의 발전과정을 제시한다. 수렵시대, 유목시대, 농경시대, 상업시대가 그것이다.[10] 퍼거슨의 체계는 3단계이다. 역사는 미개savage age와 야만barbarous age의 시대를 거쳐 문명시대polished age로 나아간다. 역사에서 이러한 진보는 왜 일어나는가? 그는 개인의 '열망ambition' 이 사회적 차원에서는 '갈등conflict' 으로 표현된다고 생각했다. 그러니까, 이 갈등이야말로 역사 진보의 동력이라고 할 수 있다. 자신이 살고 있는 시민사회가 바로 이런 갈등의 산물이었다. 그러나 문명사회는 갈

등에서 곧바로 나타나는 것이 아니라, 갈등에 인간이 대응하여 이루어진 결과이다. 이런 점에서 퍼거슨의 진보관은 마르크스주의자들의 사회갈등이론과 맥락을 같이한다.[11]

그렇다면 퍼거슨의 역사관에서 18세기 말 동아시아(및 인도)는 어떤 단계로 설정할 수 있을까? 미개-야만-문명의 체계에서 동아시아도 문명시대에 해당한다고 할 수 있을까? 퍼거슨은 인도와 중국에 관해 다음과 같이 말한다.

> 인도에 관한 현대의 묘사는 고대의 반복이며, 중국의 현재 상태는 인류역사상 필적할 만한 것이 없는 '뛰어난 고대'에서 나왔다. 중국의 역대 왕조는 변화해 왔다. 그러나 그 상태에 영향을 주는 어떤 혁신도 없었다.[12]

그는 인도와 중국의 변화를 인정하면서도 진보와 다른 것으로 간주한다. 그렇다 하더라도 인류 역사의 진보를 보편사의 과정으로 이해하려는 그의 시각에서 동아시아와 인도는 더 깊은 성찰을 필요로 하는 미완의 문제였을 것이다.

스코틀랜드 지식인들은 근대 학문과 역사 발전의 단계를 연결시키려 했다. 대체로 그들은 인류 사회를 진보의 방향으로 변화하는 사회, 변화하지만 순환하는 사회, 그리고 전혀 변화하지 않는 사회 등 세 유형으로 구분하고 각기 유럽, 오리엔트, 기타 미개 민족을 보기로 들었다. 이 경우 각 유형에 해당하는 사회를 성찰하기 위해서는 서로 다른 학문의 체계를 수립해야 했다. 즉 근대사회과학은 시민사회를, 동양

학Orientalism은 오리엔트 사회를, 그리고 인류학은 미개사회를 분석하는 방법인 것이다.[13]

중국과 일본

《브리태니커 백과사전》초판, 재판, 3판은 모두 수록 항목의 집필자를 밝히지 않았고 항목 색인도 첨부하지 않았다. 오늘날의 기준으로 보면 그 편집형식은 매우 조잡한 수준에 불과하다. 동아시아의 역사와 문화에 관련된 독립 항목들도 발견되지 않는다.[14] 몇몇 동아시아 지명이 등장할 뿐이다. 초판의 경우 '아시아Asia', '인도India', '중국China', '일본Japan' 등의 지명만을 찾을 수 있다. 재판도 이와 동일하나, 특히 중국과 일본에 관한 서술 분량이 늘었다. 3판에서 특이한 것은 중국, 인도에 관한 서술은 재판에 비해 한층 더 증가했지만, 일본 항목은 빠져 있다는 점이다.

이러한 한계를 넘어서기 위해, 동아시아 지역을 직접 가리키지 않으면서도 이 지역에 관한 지식이 들어있음직한 용어들을 검토하면 어떨까? 재판과 3판에는 사회, 역사 및 문화와 관련된 일반용어들, '농업agriculture', '도시city', '상업commerce', '역사history', '종교religion', '과학science', '사회society' 등이 등장한다. 그러나 이들 용어의 서술내용에는 모두 고전·고대와 유럽의 사례만 들어 있을 뿐 동아시아에 관한 어떤 내용도 발견할 수 없다. 따라서 우리는 '중국'이나 '일본', 또는 '인도' 항목의 내용을 요약하고 비교하는 선에 머무를 수밖에 없다.

초판에서 중국과 일본에 관한 기술은 아주 간략하다. 두 항목 모두 한 면을 넘지 못한다.[15] 단순히 지리적 위치를 소개한 것에 지나지 않는다. 중국의 경우 위도 및 경도상의 위치, 15개 성, 인구, 특산물을 소개한 정도이고, 일본에 관해서는 위도 및 경도상의 위치만 알려줄 뿐이다. 한 가지 특이한 것은 '중국어Chinese'라는 항목이 따로 있다는 점이다. 여기에서는 중국어를 주로 설명한다. 중국어는 알파벳이 아니라 상형문자이며 그 수가 8만여 자에 이른다는 것, 그리고 중국어는 세계의 다른 언어와 다른 독특한 특징을 지니는데, 그것은 바로 330여 단음절만으로 구성되면서도 소리의 강약과 장단을 구별함으로써 다양한 의미를 갖게 된다고 설명한다. "중국어를 정확하게 발음할 때에는 일종의 음악이 된다. 그것은 실제 가락이며 중국인 언어의 본질이자 특징이다." 한편 중국인들은 어느 다른 민족보다도 유구한 역사를 자랑하지만, 그들의 역사는 "신화의 시대", "의심스럽고 불분명한 시대", "역사시대"로 분간하는 것이 필요하다는 것을 덧붙인다.[16]

재판과 3판에서 중국과 일본에 관한 서술은 초판에 비해 훨씬 더 체계적인 형태를 취한다. 재판에서 '중국' 항목은 14면,[17] 3판에서는 44면에 이른다.[18] 그러면서도 두 서술체제는 동일하다. 지리적 위치, 역사, 인구, 정부 및 관료, 법률, 관습 문화 등의 차례로 중국을 소개한다. 3판은 재판의 내용을 좀더 상세하게 보완한 것이라고 할 수 있다. '일본' 항목의 경우 재판에서 5면에 걸쳐 지리, 종교, 문화, 습속 등을 차례로 소개한다.[19]

먼저 중국에 관한 서술내용을 살펴보자. 모든 민족의 기원이 그렇겠지만, 중국의 역사는 다른 나라보다 훨씬 더 불분명하다. 그 까닭은 "미신과 설화를 만드는 중국인의 자질"이 너무 뛰어나기 때문이다.[20] 그 다음 중국의 역사를 소개하면서 가장 중요한 특징으로 북방유목민족Tartars의 침입이 지속적으로 이루어졌고, 또 그들의 지배를 받아왔다는 점을 강조한다.

> 중국사의 가장 흥미로운 특징은 북방민족의 침입이다. 이들은 마침내 제국 전체를 정복하고 아직도 지배하고 있지만, 북경의 황제 자리를 차지한 후에는 중국어와 생활방식을 받아들인다. 유목민족이 중국을 정복한 것이 아니라 그들이 중국에게 정복당한 것처럼 보인다.[21]

물론 중국인들의 중화사상을 소개하기도 하지만, 전반적으로 북방민족의 침입과 지배를 중심으로 중국의 역사를 기술한다. 중국인 왕조에 관해서는 비교적 소략한 반면, 북방민족이 수립한 왕조에 관해서는 그 침입 및 정복 과정을 중심으로 상세하게 기술한다. 북방민족을 중국사 전개과정의 주역으로 설정하고 있는 것이다.

중국에 관한 항목은 특히 엄청난 인구와 일반 민중의 빈곤에 관심을 기울인다. 재판에서는 전체 인구 가운데 남자만 5,978만 8,364명으로, 3판에서는 전체인구를 약 2억 명으로 추산하고 있다.[22] 중국은 인구도 많지만 세계 어느 나라보다도 물산이 풍부하다고 알려졌다. 그럼에도 일반 민중의 삶이 곤궁한 까닭은 무엇인가? 그것은 관리들의 사악함과 부패 때문이다. 백과사전의 설명에 따르면, 당시 중국의 관료제도는 매우 정교한 체계를 갖추고 있었다. 3년 이상 한 곳에 봉직하거나 자신이 지방관으로 머물렀던 곳의 주민이 될 수 없었다. 빈한한 가문 출신이라도 불이익을 받지 않았고 명문 출신이라 해서 그에 따른 권력을 가질 수는 없었다. 관리 위계는 매우 엄격했으며 모든 관리의 관사와 토지를 정부에서 제공했다. 그러나 "관료는 이 모든 규제를 회피할 수단을 찾는 데 열심이다. 중국보다 더 고도로, 그리고 더 보편적으로 강탈과 사취가 행해지는 나라는 지구상에 없을 것이다."[23] 한편 3판에서는 만성적인 식량부족이 한발이나 홍수와 같은 자연적 재앙과, 곡물을 이용한 술 제조 때문에 더 악화되었다고 주장한다.

백과사전은 중국의 정부형태와 형법에 관해서도 비교적 상세하게 소개하면서, 그 정치체제를 "고도의 전제군주정monarchical and in the highest degree despotic"으로 규정한다. 법전이 있지만 그 법의 유일한 해석자는 황제이다. "전반적인 입법권은 황제의 마음속에 자리잡고 있고 전적으로 그의 의사에 달려 있다."[24]

다음으로, 일본에 관한 내용은 어떤가. 중국 항목과는 달리 지리적 위치와 기후를 소개한 후에 곧바로 일본인의 습속, 생활, 문화를 소개한다. 역사에 관한 기술이 보이지 않는다. 중국의 경우 예수회 선교사들의 여러 보고기록을 참조할 수 있었지만, 일본에 관한 자료는 네덜란드 상인의 여행기를 제외하고는 달리 찾아보기가 어려웠기 때문일 것이다. 일본인의 생활과 습속에 관해서 중국보다도 더 신비롭게 그리고 더 우호적으로 기술한 인상을 주는 것도 여기에서 비롯했다고 할 수 있다. 비록 일본인들이 고대부터 이어온 이교heathenism와 우상숭배의 전통을 견지하고 또 절대적 창조주의 개념을 가지고 있지 않지만, 그들에 대한 백과사전 집필자의 인상은 상당히 우호적이다.

그들은 일반적으로 매우 활동적이고 격정적이며 영리하다. 그들은 온건하고 인내심이 있으며 예의바르다. 모든 동양인 가운데 으뜸이다. 그들은 행동이 공정하고 약속을 지킨다. 중국인들과 달리 상대방을 이용하는 것을 싫어한다. 그들은 또한 매우 근면하고 부지런하며 공부하고 독서한다. 그들은 식사, 음주, 가구, 의상, 대화에서도 놀랄 정도로 정결하고 예의가 있다.[25]

물론 호의적인 인상만 보이는 것은 아니다. 수급을 나뭇가지에 매달고, 기름에 삶거나 말에 묶어 사지를 찢고 망나니가 목을 베는 등 매우 다양한 사형방법을 소개한다. 또 일본인의 도자기, 음악, 그림 등도 유럽인의 그것보다 열등하며 잘 이해되지 않는다고 말한다. 그러면서도 그 수준이 중국보다는 뛰어나다는 점을 덧붙인다.[26]

이상 중국과 일본 항목의 서술내용을 검토하면 몇 가지 특징을 발견할 수 있다. 첫째, 당시 스코틀랜드 지식인들의 동아시아에 관한 지식은 예수회 선교사들의 보고기록과 네덜란드 상인들의 여행기에 의존하고 있다. 선교사 기록은 중국에 대한 다량의 정보를 수록했던 반면, 네덜란드 상인들의 일본 여행기는 일종의 기행문이나 인상기의 수준을 벗어나지 못했을 것이다. 그에 따라 중국에 관해서는 비교적 상세한 내용이 수록되어 있으나, 일본의 경우는 그렇지 못했다.

둘째, 중국의 경우 북방민족의 지배, 관리의 탐학, 민중의 빈곤 등 부정적 인상을 주는 내용이 대부분이다. 이것은 물론 선교 보고기록에 의존한 것이지만, 그러면서도 스코틀랜드 지식인들이 중국이라는 '타자'를 유럽 중심주의적 시각에서 바라보았음을 알려준다. 한편 일본에 대한 인상기는 여러 측면에서 중국보다 호의적인 내용으로 기술된다. 이러한 편견이 오늘날 동아시아를 바라보는 유럽인들의 시각과 어느 정도 연결되는 것인지 정확하게는 알 수 없다.

마지막으로, 특히 중국의 역사를 기술하면서 왕조의 교체와 북방민족의 침입이라는 순환과정만 강조할 뿐 그 역사의 진보를 부정하고 있다. 이것은 퍼거슨을 비롯한 스코틀랜드 계몽운동가들의 시각과 관련된다. 그들의 눈에 중국은 문명사회 또는 시민사회라고 할 수 있는 단계에 이르지 못했던 것이다.

인도에 관하여

인도는 영국 제국주의 역사에서 가장 중요한 의미를 갖는다. 특히 18세기 중엽 7년 전쟁(1756~1763)을 승리로 이끈 이후, 영국의 인도 지배권에 도전할 만한 국가는 없었다. 영국은 한 세기 이상 무굴제국과 동인도회사를 통한 간접 지배방식을 유지하다가 1876년 빅토리아 여왕이 인도제국 황제를 겸임함으로써 사실상 인도를 합병하기에 이른다. 이와 같이 인도가 영국 근대사에서 중요한 의미를 가지고 있음에도 백과사전 초판과 재판의 인도 관련 항목은 아주 간략한 편이다. 인도의 지리적 위치와 주변 이웃 국가들을 소개하는 정도이다.[27] 17세기 이래 영국인들이 인도를 중시한 점을 고려하면, 인도에 관한 항목이 이와 같이 간략하다는 것은 이해하기 어렵다.

백과사전 3판의 경우 '인도' 항목은 약 40면 분량으로 늘어난다.[28] 그러나 그 서술방식은 중국이나 일본에 관한 것과는 매우 다르다. 즉

인도의 역사, 기후 및 풍토, 환경, 습속, 문화 등을 전혀 다루지 않았다. 그것은 고대 이래 유럽과 인도의 교역, 좀더 정확하게 말하면 유럽인의 인도 진출 역사만을 기술하고 있을 뿐이다. 더욱이 서술 분량의 3분의 2를 7년 전쟁 및 그 이후 영국의 인도 지배과정에 할애하고 있다. 백과사전 3판의 간행연도(1797~1801)를 고려하면, 이 시기에 영국은 다른 나라의 도전을 물리치고 인도 지배권을 확립했다. 아마도 '인도' 항목의 필자는 이 과정을 상세하게 정리해 소개하는 일이 무엇보다도 중요하다고 생각했을 것이다.

백과사전 3판의 '인도' 항목에 따르면, 고대 오리엔트인들이 인도에 진출한 기록들은 여러 가지로 불분명한 것이 사실이다. 이집트 사람이나 솔로몬 왕 치세 시 유대인들이 인도와 교류했다는 기록은 역사적 사실로 받아들이기가 어렵다. 다만 고대 페니키아의 티루스 Tyrus인들이 배를 타고 지금의 홍해를 거쳐 인도 서부 해안에 이르렀던 것 같다. 그들은 자신의 항해와 교역에 관한 일지를 남겼지만, 그 기록들은 알렉산더 왕의 동방원정 당시 모두 사라졌다.[29]

유럽인들이 인도에 좀더 가까이 접근할 수 있었던 것은 알렉산더 대왕의 동방원정 때문이었다. 알렉산더의 군대는 인더스 강 지류까지 이르렀으나 그들은 그 지역의 기후, 특히 우기에 관한 어떤 사전 지식도 없었다. 두 달여 계속된 폭우에 견디지 못한 그들은 마침내 회군을 결정했다고 전해진다.[30] 인도는 로마가 지중해 제국으로 팽창하면서 다시 서구 세계와 관계를 맺는다. 로마가 이집트를 점령한 이후 아라비아 반도를 지나 알렉산드리아로 들어온 인도 상품이 로마로 유입되었던 것이다. 로마 제국 당시 알렉산드리아, 나일강, 홍해, 아라비아해, 인도 서부지역 항구를 연결하는 새로운 교역로가 열린 것도 이 시대 인도 상품에 대한 수요 증가 때문이었다.[31]

로마 제국 멸망 이후 오랫동안 인도는 유럽인의 삶에서 잊혀진 존재가 되었다. 지중해가 이슬람의 내해가 되면서 동과 서의 교류 자체가 소멸했고, 유럽 문명이 지중해에서 대륙 내부로 이동한 후에 인도와 인도양은 전설 속의 세계로만 잔존했다. 풍요로운 인도에 관한 소문은 아라비아 상인들의 구전과 단편 기록들에서 비롯했다. 14세기 초 마르코 폴로Marco Polo가 중국과 그 주변 세계에 관한 여행기를 내놓으면서, 인도는 다시 전설의 세계에서 구체적인 실재로 등장한다.[32]

인도 및 그 주변 지역의 동방 상품이 유럽인들의 삶에 다시 친숙하게 된 것은 14세기 베네치아 상인들의 활동에 의해서였다. 당시 베네치아 상인들이 취급한 상품은 정향dove, 육두구肉荳蔲(nutmeg), 비취, 진주 등이 대표적인 것이었다. 그들은 부피가 작은 상품은 페르시아만과 바그다드를 거쳐 동지중해에서 베네치아로 이어지는 교역로를, 그리고 부피가 큰 산물은 홍해를 경유하여 알렉산드리아, 베네치아로 연결되는 교역로를 이용했다. 그러나 주된 경로는 전자였다.

티루스인, 그리스인, 로마인들은 그들이 원하는 상품을 뒤좇아 직접 항해했다. 그 사례는 근대 유럽의 항해자들이 뒤따르고 있다. 이 두 시기에 인도상품은 금과 은으로 지불했다. 귀금속의 고갈에 따른 불만이 이어졌다. 귀금속은 인도에 가는 대로 무덤에 파묻히고 되돌아오지 않는다는 것이었다. 그러나 베네치아 상인들은 이러한 소신을 피할 수 있었다. 인도와 직접 교류를 하지 않는 대신, 그들은 원하는 값비싼 산물이 그득한, 이집트와 시리아의 상품창고에서 공급받았던 것이다. 그리고 그들은 이들 상품을 돈이 아니라 물물교환을 통해 사들였던 것이다.[33]

그러나 이러한 교역은 오스만 터어키 제국의 등장으로 어려워졌다. 대항해시대는 이런 이유로 시작되었다. 대항해시대에 인도 무역의 획기를 그은 것은 희망봉Cape of Good Hope의 발견이다. 그후 바스코 다 가마Vasco da Gama에 의해 아프리카 남단을 돌아 인도로 이르는 항로가 개척된 것이다. 16세기 내내 인도 무역은 포르투갈 상인들이 독점했다. 영국, 프랑스 등 다른 나라는 국내 사정 때문에 이 대열에 합류할 수 없었다. 에스파냐는 또 다른 이유에서 포르투갈의 동방무역을 간섭하지 않았다. "에스파냐는 갖가지 식민활동을 펼쳤지만, 신세계에서 그들이 발견한 곳과 정복한 땅을 확보하는 데 주력했으며, 포르투갈의 동인도 무역을 간섭하려고 하지 않았다. 1580년 에스파냐가 포르투갈 왕위를 계승한 후에도, 그 경쟁자라기보다는 포르투갈 상인의 동인도 무역에 대한 후원자 겸 보호자가 되었다."[34] 17세기에 이르러 포르투갈의 최초의 경쟁자는 네덜란드였다. 그리고 곧바로 영국과 프랑스가 인도 진출에 관심을 가졌다.

백과사전 3판 '인도' 항목의 집필자는 18세기 중엽 이후 영국이 인도 지배권을 장악하는 과정을 애국적으로 기술한다. 영국은 18세기 초에 이미 수라트Surat, 봄베이Bombay, 다불Dabul, 마드라스Madras, 캘커타Calcutta 등 새 도시 또는 기존 도시를 중심으로 지배영역을 확대해 나갔다. 이 필자에 따르면, 인도에서 영국과 프랑스의 경쟁은 점차 격화되었지만, 7년 전쟁이 일어난 것은 프랑스 인들의 술책 때문이었다. 즉 프랑스 동인도회사 관리가 무굴제국의 궁정에 영향력을 발휘하여 왕위계승에 개입했으며, 영국이 이를 견제하는 과정에서 전쟁이 일어났다는 것이다. 이 필자는 7년 전쟁 및 그 이후의 전개과정을 기술하면서 특히 로버트 클라이브Robert Clive의 영웅적 활동을 강조한다.[35]

클라이브는 군복무를 마친 후 동인도회사의 서기로 근무했다. 그는 회사업무에는 별다른 재능이 없었지만, 전쟁이 일어났을 때 전투에서는 탁월한 지휘능력을 발휘했다. 1757년 그는 플라시Plassey에서 결정적인 승리를 거두었으며, 토착제후들을 잘 조종하여 프랑스의 지원을 받은 제후와 궁정을 구축했다. 1765년에 클라이브는 벵골 지역까지 진출해 승리를 거두었다. 무굴제국의 국왕 역시 클라이브를 지지했는데, 영역 확대로 궁정의 재정 수입이 늘어났기 때문이다. 이제 동인도회사는 "유럽에서 가장 번영을 누렸던 제국[로마 제국]에 필적할 만한 영토"에 대한 지배권을 장악한 것이다.[36] 그러나 이 모든 결과에도 불구하고 동인도회사는 기대만큼 부를 축적하지 못했다. 여러 가지 분쟁이 잇달아 영국 정부는 동인도회사에 전적으로 의존하기보다는 무굴제국을 통해 간접적으로 인도를 지배하는 방식을 선호했다.

앞에서 언급했듯이, 백과사전 3판의 '인도' 항목은 인도 자체에 관한 어떠한 정보도 제공하지 않는다. 인도의 역사도, 인도인의 생활과 관습도, 그들의 종교와 문화도 소개하지 않는다. 오직 고대에서 18세기에 이르기까지 유럽인의 인도 진출을 연대기적으로 기술하고 있을 뿐이다. 이와 같은 편향적인 서술을 어떻게 이해할 것인가? 아마도 그 인도 항목의 필자는 18세기 후반 인도의 상황 변화에 영향을 받은 것처럼 보인다. 7년 전쟁과 그 직후 인도를 둘러싼 유럽 각국의 각축전은 종국을 맞았다. 영국은 인도 전체를 지배할 수 있는 기틀을 마련했다. 이제는 굳이 동인도회사를 내세우지 않더라도 무굴제국을 지배함으로써 자국의 이익을 극대화할 수 있게 되었다. 이와 같은 전반적인 사정을 독자들에게 상세하게 알려야 한다는 시사적인 필요성 때문에 백과사전 편찬의 원래의 의도─선정된 항목에 대한 지식과 정보의 전달─를 무시한 것이 아니었을까.

나아가 인도 항목의 필자는 영국의 인도 지배를 유럽인의 인도 진출 역사의 한 과정이자 완결로 간주함으로써, 지배의 필연성을 암묵적으로 인정한다. 말하자면 고대 이후 유럽인들은 동방으로 진출하려는 뚜렷하고도 일관된 경향을 보여준다. 무수한 민족과 국가들이 여건에 따라 다양한 방식으로 인도로 가는 길을 찾았다. 중세 시대에 이슬람 세력의 확대와 함께 그 움직임이 멈춰졌지만, 중세 후기에 다시 되살아났다. 베네치아, 제노아, 포르투갈, 네덜란드, 프랑스에 뒤이어 인도 진출의 사명은 영국인의 손에 넘겨졌다. 영국은 그 사명을 완수하였고, 그것은 오랜 역사과정의 종장을 의미하는 것이었다.

오리엔탈리즘으로의 길

'오리엔탈리스트'란 글자 그대로 아시아 문화에 관심을 가지고 이에 관한 저술을 남긴 사람들을 가리켰다. 그러나 사이드가 지적했듯이, 그들은 텍스트와 담론을 통해 그 자신이 해석한 아시아를 전파하는 사람들이다. 여기에서 오리엔탈리즘이란 동양과 서양을 구분하는

사고방식을 뜻하게 되며, 동양에 관한 유럽인들의 인식에서 중요한 것은 '사실'이 아니라 '해석'이었다.

비록 《브리태니커 백과사전》 초판본들이 스코틀랜드 계몽운동의 지적 분위기에서 편찬되었지만, 백과사전의 동양 관련 항목은 다양하지도, 상세하지도 않았다. 따라서 백과사전의 항목 내용을 통해서 당대 지식인들의 동양에 관한 인식 수준을 재단하는 것은 어려운 일이다. 기껏해야 '중국', '일본', '인도' 항목의 기술을 통해 그 단초를 짐작할 수 있을 뿐이다.

중국과 일본에 관한 당대 지식은 선교사나 네덜란드 상인들의 여행기에 크게 의존한 것이다. 두 나라를 각기 문명사회에 도달하지 못한 상태로 파악하면서도 일본에 대해서는 일종의 신비적 인상으로, 이에 비해 중국의 역사를 부정적으로 파악한다. 중국에 관한 보고가 상대적으로 더 풍부했기 때문에 '중국' 항목의 필자들은 그 자료를 활용하여 중국의 역사와 문화에 관해 자의적으로 해석할 수 있었던 것이다. 이에 비해 일본은 아직 미지의 나라였다.

한편, '인도' 항목은 중국이나 일본에 비해서도 자의적인 서술이 눈에 띄게 드러난다. 그 나라의 역사와 문화에 관한 내용은 모두 생략하고 대부분 영국인의 인도 진출 과정을 상세하게 기술하고 있을 뿐이다. 사실 인도에 관한 자료는 중국이나 일본에 비해 더 풍부했을 것이다. 그럼에도 영국의 인도 지배과정만이 주된 서술내용이 된 것은 7년 전쟁의 승리와 그에 따른 영국의 인도 지배에 대한 당대의 열광을 반영한 것이 아닐까 한다. 18세기 말에 이르면 영 제국의 영광은 스코틀랜드 지식인들에게도 다른 무엇보다 중요한 현실적인 문제로 자리잡았던 것이다.

이미 앞에서 언급했듯이, 스코틀랜드 계몽운동의 온상은 에든버러, 글래스고, 세인트 앤드루스, 애버딘과 같은 대학들이었다. 대학교육을 받은 스코틀랜드의 젊은 지식인들은 영 제국의 팽창과 함께 해외로 진출하여 제국의 발전에 봉사하는 기회를 자주 얻을 수 있었다. 그들은 식민지 관료나 군인으로 또는 무역상사 직원 등 여러 분야에 종사할 수 있었는데, 이는 스코틀랜드 대학에서 배우고 닦은 교양과 실용적인 지식에 힘입은 것이었다. 19세기 초까지만 하더라도 옥스퍼드나 케임브리지와 같은 잉글랜드의 대학이 젠틀맨 교육이라는 좁은 틀 안에 갇혀 있을 때, 스코틀랜드 대학들은 새로운 학문과 지식을 축적하고 교육하는 좀더 활력 있는 고등교육기관으로 발전했던 것이다.

19세기 초 영국의 인도 지배가 본격적으로 이루어지기 시작했을 때, 인도의 역사와 문화에 관한 방대한 저술을 남긴, 이른바 인도 '오리엔탈리스트'들이 있었다. 토머스 먼로Thomas Munro, 존 맬컴John Malcom, 몬스튜어트 엘핀스톤Mountstuart Elphinstone 등이 이에 해당한다.[37] 이들은 모두 스코틀랜드 출신으로, 에든버러나 애버딘 대학에서 교육을 받은 후 인도에 진출했다. 예컨대 먼로는 동인도 회사의 군

장교로 복무하다가 마드라스 총독이 되었고, 맬컴은 봄베이 총독의 지위에까지 올랐다. 영 제국과 더불어 출세 가도를 달린 전형적인 스코틀랜드 인이라고 할 수 있다. 이들은 다 같이 인도 역사와 문화에 관한 저술을 남겼다.[38] 이들은 당시 인도는 전혀 발전할 수 없다는 편견을 비판하면서, 현재 진보하지 못한 상태에 있지만 적절한 교육과 기회가 주어지면 서구의 경로를 따라 발전할 수 있다는 믿음을 가지고 있었다.

비록 인도에 관한 내용이기는 하지만, 어쨌든 잠정적인 '진보의 부재'라는 이러한 인식은 퍼거슨을 비롯한 스코틀랜드 계몽사상가들이 동양을 바라보는 이중적 태도와 직접 연결된다. 퍼거슨은 인간 본성의 보편성을 강조하면서도 그 보편사의 전개과정에서 아시아의 지체를 인정한다. 맬컴이나 엘핀스톤 같은 오리엔탈리스트들이 스코틀랜드 계몽운동의 연장선에 있었던 것은 분명한 것처럼 보인다. 이러한 이중적인 시각, 즉 진보의 부재와 진보의 가능성이야말로 영 제국의 인도 지배를 합리화하는 데 기여할 수 있었을 것이다.

영국사 연구자들이 한국 근대의 미완성

한국적 옥시덴탈리즘Occidentalism이라
부를 수 있을 것이다.

다.

이라는
는

근대의 신화

'옥시덴탈리즘'으로서의 영국사

한국에서 영국사 연구자들이 본격적으로 학문 연구를 시작한 것은
1960년대의 일이다. 이때부터 몇몇 대학에서 영국 또는 유럽의 역사
를 가르치기 시작한 연구자들은 유럽 및 미국 학계의 연구동향에 관
심을 기울이기 시작했고, 경우에 따라서는 출판된 사료에 대한 초보
적인 접근을 시도했다. 이들의 뒤를 이어 다음 세대의 연구자들은 주

로 1980년대 이후에 본격적인 연구활동에 접어들었다. 이 두 세대의 학문적 관심을 비교하면 매우 흥미로운 사실을 발견할 수 있다. 앞 세대 역사가들이 주로 영국혁명 전후 시기의 사회 변화에 초점을 맞추었던 반면, 다음 세대의 역사가들에게 중요한 화두는 산업혁명과 노동운동 또는 사회주의였다.

이와 같은 변화는 무엇을 의미하는가? 그것은 한국의 영국사학자들이 처음부터 영국사 그 자체만을 연구대상으로 삼지 않았음을 보여준다. 이들은 제각기 한국의 현실을 통해 영국의 역사를 재해석하는 데 주안점을 두었다. 굳이 "역사는 과거와 현재의 대화"라는 에드워드 카 E. H. Carr의 유명한 명제를 언급할 필요도 없이, 대부분의 역사가들이 자기 시대의 영향 아래 연구대상에 접근하는 것은 사실이다. 그렇더라도 한국의 역사가들이 보여주었던 연구태도, 즉 현재의 관심사를 통해 영국의 역사를 해석하려는 태도는 우리 사회가 아직도 근대를 이루지 못했다고 보고 근대화의 역사적 경로를 영국에서 찾으려는, '근대 콤플렉스modernity complex'와 밀접하게 관련된 것이 아닐까 싶다.

영국사 연구자들이 한국 근대의 미완성과 그 전범으로서의 영국을 설정하는 한, 영국이라는 연구대상은 역사적 실재가 아니라 어느덧 이념적 형성물로 변모한다. 1960년대 이후 한국의 영국사학자들이 바라본 근대 영국의 역사상은 이와 비슷한 이념형으로 자리 잡았다고 해도 지나친 말이 아니다. 이렇게 보면 한국의 역사가들은 '한국=미완의 근대'와 '영국=근대의 전범'이라는 이중의 허위의식에 사로잡혀 있었던 셈이다. 영국사 분야에 관한 한 이와 같은 시각은 한국적 옥시덴탈리즘Occidentalism이라고 부를 수 있을 것이다.

학문의 주체성 문제가 논란이 되고 있는 오늘날, 반세기에 걸친 영국사 연구를 되돌아보고 비판적으로 성찰할 필요가 있다. 여기에서는 제1세대와 제2세대에 속하는 한국의 영국사 연구자들이 각기 영국 근대사를 어떤 인식틀 속에서 바라보았는지를 검토하려고 한다. 이러한 시도는 다분히 편의주의적이라고 할 수 있겠지만, 그럼에도 이러한 작업은 한국 서양사학 일반의 옥시덴탈리즘을 이해하는 데 도움이 될 것이다. 왜냐하면, 오랫동안 우리나라에서는 서양의 근대로의 이행 또는 근대사의 전개과정을 주로 영국적 경로에 맞추어 조명하려는 경향이 강했기 때문이다.

이행논쟁과 톰슨의 영향

1960년대 이래 한국의 영국사 연구경향을 되돌아보면, 근대의 문제에 집착하면서도 세대에 따라 서로 다른 관심을 보여준다는 것을 확인할 수 있다. 우선 1세대 역사가들에게 근대화란 바람직한 변화이며 우리 사회가 지향해야 할 당위적인 것이었다. 따라서 그들은 근대화의 내용보다는 근대로의 이행移行에 관심을 기울였다. 봉건제에서 자본주의로의 이행과 영국혁명이 주된 주제였다.

2세대 역사가들은 근대화의 내용에 더 관심을 가졌다. 어떤 근대로 나아가야 할 것인가라는 문제가 이들의 의식 저변에 자리 잡고 있었다. 그 근대란 자본주의 극복까지를 포함하는 좀더 복잡한 과정이었다. 이 세대의 역사가들은 산업화, 노동운동, 사회주의 등 19세기 영국 사회에서 증폭된 갈등의 원천을 해명하는 데 초점을 맞추었다. 그

러나 이러한 연구경향의 배후에도 여전히 바람직한 근대화를 지향해
야 한다는 현실인식이 맞물려 있었던 것이다.

제2세대 역사가들에게 영국사 연구의 기본 토양을 제공한 것은, 연
구자들에 따라 차이가 있겠지만 아무래도 모리스 돕M. Dobb의 《자본
주의 발전 연구*Studies in the Development of Capitalism*》(1946)와 에드워
드 톰슨E. P. Thompson의 《영국 노동계급의 형성*The Making of the
English Working Class*》(1963)이 아닐까 싶다. 앞의 책은 19세기 영국의
산업화 및 그 이후의 문제를 검토하기 위한 전제조건이었고, 뒤의 연
구는 근대 자본주의 극복을 위한 새로운 사회세력의 대두를 역사 속
에서 확인하는 실천적 함의를 지닌 것이었다.

먼저 돕의 《자본주의 발전 연구》를 둘러싸고 벌어진 일련의 논쟁
Dobb-Sweezy Debate은 특히 1970년대에 젊은 역사학도와 사회과학
연구자들의 각별한 관심을 끌었다. 이 국제적 논쟁이 한국의 영국사
연구자들에게 알려진 것은 일본 사회경제사가들이 그 논쟁에 참여하
여 전후 일본에서 자국의 학문적 자존심을 회복한 대표적인 사례로
널리 주목한 데서 비롯한다.

돕-스위지논쟁은 1950년대 이후 사회과학적 역사가 역사학의 주
류로 등장하는 데 촉매제 역할을 했다. 이 논쟁은 우선 중세 봉건사회
에서 근대 자본주의 사회로 역사적 변천의 동력을 경제체제의 변화에
서 찾는다는 점에서 실증 위주의 전통적인 사회경제사의 한계를 극복
하려는 시도를 보여주었다. 그뿐만 아니라 2차 세계대전 이후 정신적
공황과 사회주의의 대두를 겪으면서 많은 지식인들은, 한 시대에서
다른 시대로의 변천을 연구대상으로 설정한 이행논쟁의 주제가 마치

당대의 시대적 상황과 비교될 수 있다고 믿었다.

이행논쟁을 촉발한 돕의 연구는 자본주의의 동인을 상업이나 무역에서 찾는 이른바 유통주의적 해석을 극복하려는 시도였다. 유럽 자본주의 발전에서 유통주의 해석은 다음의 두 가지 특징을 지닌다. 첫째, 이 해석은 자본주의로의 이행이 시장경제의 전파와 확대를 통해서 가능하다는 점을 전제로 내세운다. 둘째, 유통주의 해석은 유럽사에서 농촌경제 중심의 봉건사회가 해체된 것은 십자군전쟁 이후 재개된 지중해무역과 지역 내 상업의 발전에 힘입었다는 사실을 강조함으로써 유럽 사회 외부의 외생적 요인을 중시한다.

그렇다면 유통주의 해석의 학문적 기원은 무엇인가. 사실 사회경제사학에서 시장경제의 발전에 초점을 맞추어 자본주의 역사를 설명하고, 나아가 그 발전의 동력을 상업과 유통에서 찾으려는 학문적 전통은 스미스나 독일 역사학파의 연구 이래 오늘날까지 뿌리깊이 이어져 왔다. 일찍이 스미스는 분업의 수준이 시장의 크기에 달려 있고 상업이 경제발전의 중요한 결정요인이라는 점을 강조하였다. 힐데브란트 B. Hildebrand도 시장의 교환현상을 기준으로 자연경제에서 화폐경제로, 그리고 다시 신용경제로 이행하는 역사 발전단계를 제시한 바 있다. 그러나 유럽 중세 후기의 상업부활 및 시장경제의 확대가 봉건사회의 해체와 자본주의의 성립을 가져왔다는 견해가 널리 일반화 된 것은 브렌타노L. Brentano나 뷔허K. Bücher와 같은 20세기 초 독일의 신역사학파 경제학자들에 의해서였다.[1]

브렌타노는 고대 세계에서 전통적 관습과 윤리의 방해를 받아 발전할 수 없었던 인간의 영리욕과 상업을 통한 이윤추구 활동이 중세 말

이후 제도적·관습적 규제를 벗어나 발전을 거듭했으며, 이것이 마침내 자본주의 생산의 기초가 되었다고 주장했다. 이는 유럽 자본주의의 기원을 상인의 활동과 상업자본에서 찾는 견해이다. 또 뷔허는 공업의 발전에서 상인이 가내수공업자들에게 공임을 주고 일감을 맡겨 생산하는 선대제先貸制(Verlagsystem)의 역할을 중시하였다. 이 또한 상인에서 선대상인, 그리고 다시 산업자본가라고 하는 이행경로, 즉 상업자본에서 산업자본으로의 전화를 강조하는 이론이었다.

한편, 신역사학파와 학문적 계보는 다르지만 벨기에 역사가 앙리 피렌느H. Pirenne와 미국 경제사가 얼 해밀턴E. J. Hamilton도 근대 자본주의 발전의 동력을 상업에서 찾으려는 학문적 전통에 기여했다. 피렌느는 유럽에서 8세기 이후 이슬람 팽창에 따른 지중해무역의 쇠퇴가 중세 장원경제를 낳았으며, 11세기 십자군원정 이후의 원격지무역, 상업의 재흥, 도시 발전 등이 장원경제의 해체와 함께 자본주의를 발생시켰다고 주장했다.[2] 또 해밀턴은 유럽 세계의 지리적 팽창 이후 아메리카 대륙의 귀금속이 유럽으로 유입되면서 화폐량 증가와 더불어 16세기의 가격 인플레이션을 초래했다는 점을 밝혀냈다. 이른바 16세기 '가격혁명'은 궁극적으로 상업 및 생산 이윤의 증가를 가져왔다는 것이다.[3]

이와 같은 유통주의 해석은 적어도 2차 세계대전 이전까지 실증적 사회경제사뿐만 아니라 마르크스주의 역사학에서도 거의 정설로 인정받았다. 돕의 연구가 바로 이 유통주의 해석을 비판적으로 극복하려는 시도였다는 것은 두말할 필요도 없다. 그는 생산과정 자체의 변화[생산력의 발전]에서 자본주의로의 이행 가능성을 찾는 것이 마르크스주의 역사학의 본령에 다가서는 것이라는 확신을 가졌으며, 이러한 맹아를 좁게는 중세말 근대초 영국 경제사에서 그리고 넓게는 유럽의 역사에서 찾으려고 했다. 이와 함께 돕은 17세기 영국혁명의 성격을 해명하는 것이야말로 오늘날 자본주의의 본질을 규명하는 데 매우 중요하다는 입장을 표명했다. 그것은 영국에서 튜더-스튜어트 국가의 성격을 어떻게 규정할 것인가라는 문제와 직결되었다. 돕은 이 시기에 봉건적 토지 소유는 해체단계에 이르렀으나 국가권력은 여전히 봉건적이었다는 전제 아래, 봉건제의 규제로부터 벗어난 소생산자들의 발전에서 자본주의의 기원과 나아가 부르주아 혁명의 기동력을 찾을 수 있다고 믿었다.

돕이 기본적으로 자본주의 발전 모델로 검토한 것은 영국 경제사였다. 그 모델은 다음과 같은 줄거리로 구성된다. 15세기 이래 영국은 봉건적 위기에 직면한다. 그 위기는 생산력의 낙후와 봉건농민의 계급투쟁으로 심화되었고 마침내 소小생산자의 해방으로 이어진다. 이와 함께 영국 사회 내부에서는 농민과 수공업자층의 분해가 광범하게 전개되었고, 이러한 분해를 토대로 농업 및 수공업 분야에서 자본주의적 관계가 나타났다. 소생산자의 분해과정에서 상승한 이 '중산적 생산자층'이 후일 부르주아지의 기원이었다. 그 이후 영국의 역사는 다양한 굴절을 보여주지만, 그러면서도 궁극적으로는 부르주아지의 승리로 귀결된다.

여기에서 16, 17세기 농업 및 수공업 사회의 변화를 좀더 깊이 살펴보자. 먼저 농업의 경우 17세기 이후 농촌사회에서 전개된 지주-차지농-농업노동자의 계급관계가 이러한 이행의 경로를 보여주는 것으로

이해되었다. 16세기 영국 사회에서 두드러진 특징은 지주에 의한 인클로저가 광범하게 전개되었다는 점이다. 이러한 인클로저를 통해 소수의 손에 토지가 집중됨과 동시에 다수의 무산대중이 창출되었다. 한편, 농민 가운데 새로운 농업경영을 통해 부를 축적한 사회세력이 형성되었는데, 이들을 요면Yeoman이라고 불렀다. 요면은 자신의 토지뿐만 아니라 토지를 집적한 지주에게서 대규모 농지를 빌려 경영 규모를 확대했다. 여기에 필요한 노동력은 인클로저로 토지를 상실한 농민으로 충당할 수 있었다.

그렇다면 공업의 경우는 어떤가. 사실 중세 사회에서는 대부분의 수공업생산이 도시 길드(동업조합)의 규제 아래 이루어졌으며, 수공업 자체가 도시 경제의 일부였다. 도시에서 영업장을 개설한 길드 조합원(마스터)들은 동업조합을 통해 원료 구입과 제품 판매에서 생산자로서 확고한 지위를 보장받았다. 그러나 16세기에 상품의 생산방식 및 품질에 관한 길드 규제는 오히려 도시수공업이 시장의 확대에 적절하게 대응할 수 있는 경로를 막았다. 이 시기에 길드 조합원이 아니면서도 영업하는 직인 출신 수공업자small master들이 증가하자, 전통적인 길드 조합원들은 그들의 배타적 권한과 독점을 더욱 강화하려고 했다. 그들은 마스터로 상승하려는 직인들의 열망을 봉쇄했고, 일부는 선대상인으로 변하여 직인출신 수공업자들을 지배하기도 했다. 한편 도시의 직인 출신 수공업자(즉 소마스터) 가운데 일부는 도시 수공업의 길드 규제에서 벗어나 더 자유로운 농촌지역으로 진출하여 수공업생산에 종사했다. 이 '도시 탈출urban exodus'은 수공업 활동의 중심이 도시에서 농촌으로 이동하는 것을 뜻했다.[4]

여기에서 중요한 것은 이와 같은 영국적 발전 모델이 영국의 역사가들보다는 일본의 사회경제사가들에 의해 정립되었다는 사실이다. 전후 일본의 사회경제사 분야는 중산적 생산자층의 분해에서 부르주아의 역사적 기원을 찾고, 이들의 자기 성장을 근대화의 기동력으로 설정하는, 이른바 오오츠카 히사오大塚久雄의 역사 해석이 주류를 이루었다. 이 오오츠카 사학이야말로 일본의 왜곡된 근대화에 대한 비판적 성찰이라는 현실적 요구와 맞물려 전개된 지적 흐름이다.

일본의 왜곡된 근대화 과정을 명확하게 해명하기 위해서는 무엇보다도 자생적인 근대화 모델과 비교할 필요가 있었다. 오오츠카 사학은 이 모델을 영국 근대사에서 찾았다. 그들은 17세기 영국혁명을 소생산자 분해과정에서 상승한 젠트리 및 요먼층의 성장과 관련지었다. 산업혁명 또한 요먼층의 자본축적에서 비롯된 것으로 파악함으로써 소생산자의 자기발전을 통한 자본주의 이행의 길이라는 경로를 분명하게 도식화했던 것이다. 오오츠카 사학은 이와 같은 근대화의 역사적 모델을 설정하고 그것과 일본의 근대화를 비교함으로써, 무엇이 왜곡되었으며 그 왜곡된 현상을 어떻게 치유할 것인가, 그리고 바람직한 근대화의 길을 어떻게 모색할 것인가라는 문제에 집착했다. 이러한 문제의식 또한 한국의 젊은 역사가들에게 커다란 영향을 미쳤다. 사실 1970년대에 한국사 분야에서 유행한 내재적 발전론 또는 자본주의 맹아론은 이와 같은 영향 아래 나타난 것이다.[5]

다음으로, 톰슨의 저술 역시 그 당시 젊은 역사가들에게는 이미 살아 있는 고전으로 인식되었다. 이 책은 영국사뿐만 아니라 서양사에 관심을 둔 연구자에게 끊임없는 영감을 불어넣어준 지적 원천이었다.

이들은 산업화라는 경제적 변화를 넘어서 그 시대에 살았던 무수한 인간군이 독자적인 계급을 형성해 나가는 과정을 추적하는 것이야말로 진정한 '아래로부터의 역사' 라는 믿음을 가지고 있었다.

계급에 대한 톰슨의 기본 시각은 이제는 하나의 상식이 되었다. 톰슨은 《영국 노동계급의 형성》의 머리말에서 기존의 견해와는 다르게 계급을 규정한다. 우선 그는 계급을 생산관계의 맥락에서 '구조' 나 어떤 '범주' 로 바라보려는 경향을 비판한다. 그것은 다수의 사건들을 사람의 경험을 통해 하나로 수렴하는 과정에서 이루어지는 '현상' 이다. 생산관계는 새로운 계급 경험을 낳지만, 그것이 곧바로 계급의식으로 연결되는 것이 아니다. 계급의식은 그 경험들이 문화적 맥락에서 조정되는 방식, 즉 전통·가치체계·관념, 여러 제도적 형태 등으로 구체화되는 방식이다. 따라서 톰슨이 말하는 계급은 계급 경험에 대한 주체적인 대응을 통해서 스스로를 만들어 가는 '현상' 이자 '흐름' 인 것이다.

이러한 전제 아래 톰슨은 산업화 초기의 노동자들이 미성숙하고 수동적이었다는 종래의 통념을 비판하면서 노동자들의 공동체, 문화, 작업장에서 집단적 자의식의 형성과정을 추적했다. 그가 보기에, 산업화 및 그에 따른 자본주의 생산관계의 확대가 노동자들에게 새로운 경험을 낳았을 때, 정작 중요한 것은 그 경험을 조정하는 데 작용하는 그들 고유의 전통과 문화이다. 그는 18세기 후반 영국의 서민사회가 가지고 있었던 고유의 전통들, 예컨대 비국교신앙과 민중 폭동, 그리고 영국인으로서의 생득권과 자유를 추구한 전통에 주목을 기울인 후에, 산업혁명기에 그들이 구체적으로 어떻게 착취를 당했는지 치밀하게 추적한다. 마지막으로 그는 여러 노동자 집단들이 계급 경험에 대응하면서 지속적인 집단 항의와 저항을 거쳐 마침내 계급의식을 지닌 '노동자계급'으로 형성되는 과정을 기술한다.

19세기 초에 노동자들이 독자적인 계급을 형성했다는 톰슨의 주장은 한국과 같이 뒤늦게 산업화 과정에 진입한 나라의 연구자들에게 커다란 관심을 불러 일으켰다. 그것은 한편으로는 산업화 시기에 사람들의 의식적인 노력을 통해 자본주의 극복의 담지자로서 새로운 사회세력이 형성될 수 있다는 믿음을 던져주었던 것이다. 실제로 톰슨 자신도 재판의 서문에서 아직 발전도상중인 제3세계의 사람들에게 이 책이 유용할 것이라는 믿음을 표명한 바 있다.

톰슨이 서술한 대로 19세기 유럽의 노동자들은 산업화에 따른 여러 가지 변화를 그들의 삶과 노동 속에서 겪었다. 빈곤, 실업, 저임금, 장시간노동, 단순작업과 반복, 착취 등은 노동자들에게 공통의 경험으로 다가왔고, 그들은 그 경험을 통해 집단적 자의식과 정체성을 형성했으며 궁극적으로는 조직노동운동을 전개할 수 있었다. 19세기 서구 여러 나라의 노동사 연구는 이와 같이 경험, 집단적 자의식, 조직노동운동으로 이어지는 노동계급의 발전과정을 분명하게 제시한다. 더욱이 자본주의의 대안으로서 사회주의는 노동운동의 동력으로 작용했을 뿐만 아니라 대안적 사회에 대한 환상을 심어주었다. 적어도 1980년대에 한국의 서양사 연구자들에게 노동사 연구는 이와 같은 실천적 함의를 가지고 있었고, 톰슨의 영향은 거의 절대적이었다.[6]

튜더-스튜어트 시대사와 영국혁명

한국의 서양사 인식에서 주류를 이루어 온 영국식 근대화 모델과 실제 영국사 해석 사이에는 커다란 괴리가 존재한다. 이 점이야말로 우리 사회의 특정한 조건 아래서 형성된 옥시덴탈리즘이라고 할 수 있다. 그렇다면 이 옥시덴탈리즘은 영국사 연구에서 어떻게 구체적으로 반영되었을까? 먼저 1950~60년대에 서양사학에 입문하여 연구활동을 계속해 온 제1세대의 영국사 연구자들, 예컨대 민석홍, 나종일, 오주환, 임희완 교수의 대표적인 저술을 검토해 보자.

이들의 연구는 대부분 16, 17세기에 집중되어 있다. 특히 영국혁명을 중심으로 주로 사회사 분야에 깊은 관심을 보여준다. 말하자면 이들은 영국 근대사회의 성립 또는 형성 과정에 학문적 관심을 두어온 셈인데, 주로 영국혁명을 중심으로 그 이전의 사회변동이나 또는 영국혁명 자체의 사회적 성격을 규명하는 데 초점을 맞추었다. 비슷한 시기에 연구활동을 시작한 사람들이 집단적으로 공통된 지향성을 보여준다는 것은 참으로 흥미로운 일이다.

우선 나종일 교수의 연구는 주로 영국혁명의 사회적 성격을 규명하려는 의도 아래 튜더 시대 이후 사회적 관계의 변화, 신분변화, 경제적 토대를 분석한다.[7] 그는 초기 연구에서 주로 튜더 시대 영국 사회의 발전에서 가장 핵심이 되는 주제들을 고찰했다. 나 교수의 《근대사 연구》 1부의 논문들이 이에 해당한다. 여기에 실린 논문들은 튜더 시대의 행정개혁과 16세기 인클로저 운동의 추진 주체를 다룬다. 물론 1960년대의 학문 여건을 고려하면 원사료를 광범하게 활용한 실증적 연구는 불가능한 것이 사실이었다. 나 교수는 이러한 한계를 고려하여 이 시대의 근대적 성격을 강조한 대표적인 연구들을 화두로 삼아 논의를 전개한다.[8] 나 교수는 튜더 시대의 정부조직이 토머스 크롬웰의 개혁을 통해서 이른바 중앙집중적인 근대적 행정조직으로 진화하기 시작했다는 제프리 엘튼Geoffrey R. Elton의 논의를 치밀하게 정리한 후에, 이에 대한 비판자들의 견해를 아울러 소개한다. 인클로저 운동에 관해서도 비슷한 서술형식을 취하고 있다. 16세기 합리적 농업경영이 확대되었고, 이 경영의 주된 세력이 상승하는 젠트리였다는 토니의 해석을 정리한 후에 일련의 비판적인 연구를 소개한다. 여기에서 중요한 것은 나 교수가 절충론의 입장을 따르는 것이 아니라, 수정주의적 비판을 일면 수긍하면서도 궁극적으로는 엘튼과 토니의 견해를 더 중시하는 결론을 내린다는 점이다.[9] 오늘날 영국사학계에서 엘튼과 토니의 해석은 수정주의 비판의 과녁이 되어 사실상 용도폐기되었으며, 사학사적인 의의만을 가질 뿐이다. 나 교수가 엘튼과 토니의 해석에 비중을 두는 것은 그에게 영국 근대란 이미 선험적인 전제였기 때문일 것이다.

오주환 교수는 논쟁의 소개 차원을 넘어 주로 2차 문헌을 광범하게 검토해 튜더-스튜어트기의 사회계층을 구조적으로 파악하는 데 주력하고 있다. 그는 영국 근대화의 주도세력이 젠트리와 요먼층 일부에서 비롯했다는 전통적인 견해를 충실히 따르면서도, 상인, 법률가 등 당시 신흥 부르주아지에 대한 심층적인 검토 작업도 병행한다. 처음부터 끝까지 그의 논지는 일관성이 있다. 전통사회 내부에서 경제변화와 함께 신분제의 동요가 있었으며, 그 과정에서 특히 농업, 상업, 공업의 영역으로 진출해 부를 축적한 사회세력은 젠트리와 요먼이었다. 말하자면, 이들이 영국 근대사회로의 이행기에 핵심적인 역할을 맡았다는 것이다. 이렇게 보면 영국사의 선진성, 즉 최초의 농업혁명, 최초의 상업혁명, 최초의 산업혁명, 최초의 근대화라고 하는 이 '최초 증후군'의 비밀은 이들의 대두와 역할에서 찾아야 한다.

　이런 점에서 오 교수는 나 교수보다도 더 직설적으로 영국 근대화라는 이상형의 해명에 주안점을 둔 것처럼 보인다. 오 교수는 이전 연구를 집대성한 《영국 근대사회 연구》에서 젊은 시절부터 영국사를 바라본 자신의 시각을 가감 없이 전달한다.

> 영국의 역사 중에서도 그 근대사는 너무도 매력적이어서 서양사학도의 관심을 끌기에 충분했다. 영국 근대사회는 다른 어떤 나라에서도 찾아볼 수 없는 선진성과 독창성을 세계 역사에 발휘하고 있다. 로마 멸망 후 서구에서 처음으로 대혁명이 일어난 나라, 최초의 자생적인 산업혁명으로 근대 자본주의 사회를 확립한 나라, 의회민주주의의 본고향, 정당정치와 내각책임제 그리고 관습법 체계를 발달시킨 나라! 이것들은 모두 영국 근대사회가 얼마나 매력 있고 영광스러웠던가를 말해 주는 사실들이다.[10]

　나 교수와 오 교수가 영국혁명의 사회적 배경 또는 혁명 이전과 이후의 사회변동에 초점을 맞추었다면, 민석홍 교수와 임희완 교수는 혁명 자체로 초점을 좁히고 있다. 사실 영국혁명이 오랫동안 부르주아 혁명인가 아닌가의 문제를 둘러싸고 논란의 대상이 된 것은 1950년대 냉전이라는 시대 상황과 밀접하게 관련된다. 전통적으로 16세기 영국혁명은 종교적 자유, 입헌적 자유를 위한 혁명이었다는 일종의 자유주의적 해석이 정통론으로 자리잡았다. 그러나 이러한 해석을 넘어 사회세력의 긴장과 갈등을 통해 역사를 해석하려는 이른바 마르크스주의 또는 준 마르크스주의의 영향 아래 1950년대에 영국혁명에 대한 사회사적 연구가 크게 대두했다.

이러한 연구경향에 대한 보수적·전통적 역사가들의 대응 또한 치열하게 이루어지면서 영국혁명을 둘러싼 해석과 반해석이 영국 사학계를 뜨겁게 달구었다. 젠트리 논쟁이 이러한 논란의 핵심에 자리 잡고 있었다는 것은 잘 알려진 사실이다. 영국혁명 연구에서 진보적인 역사가들의 주목을 받은 세력은 수평파였다. 수평파는 혁명의 전개과정에서 잊혀진 존재였다. 그러나 그들의 사회이론과 새로운 사회에 대한 전망은 당시로서는 파격적이라 할 만큼 선진적인 것이었다. 따라서 그들의 운동이 좌절되었다고 하더라도 그 사회이론과 정치적 담론은 그 이후 영국사의 전개과정에서 커다란 영향을 주었다는 식의 긍정적인 해석이 뒤를 이었다.

민석홍 교수는 프랑스사 전공자이고, 일평생 프랑스혁명의 정통적 해석을 강조해 왔지만, 영국혁명기의 수평파에 대해서도 큰 관심을 보였다. 그는 수평파가 연이어 공표한, 이른바 인민협정People's Agreement의 내용 변화를 추적함으로써 존 릴번John Lilburne을 비롯한 운동 지도자들의 정치이념을 정교하게 분석한다. 대체로 민 교수는 인민협정의 주장을 상승하는 요먼층과 연결지어 이들의 급진적 성격을 강조하는데, 이는 상퀼로트sans-culotte를 중심으로 프랑스혁명을 공부해 온 연구경험과 밀접하게 관련되는 것 같다. 어쨌든 그가 보기에, 수평파운동이 실패했음에도 역사적으로 중요성을 갖는 것은 그들의 정

치이념에서 근대 대의민주주의의 원형을 찾을 수 있기 때문이다.[11]

민 교수는 수평파운동 자체에 관심을 기울이기보다는 그들이 세 차례에 걸쳐 공포한 '인민협정'의 내용을 분석하는 데 주력한다. 그는 인민협정에서 정치의 주체로 참여할 수 있는 권리가 어떤 사회세력에게까지 허용되는가를 중심으로 협정의 내용을 상세하게 검토한다. 민 교수에 따르면, 인민협정에서 선거권과 피선거권은 독립자영농민과 독립수공업자까지 가질 수 있었다. 그는 이 문제에 관한 여러 견해를 소개하면서 수평파의 정치사상에서 정치적 주체로서 참여할 수 있는 자격은 독립성 여부에 좌우되었다고 결론짓는다. 물론 이러한 결론은 상당히 애매모호하다. 그러나 군대나 또는 지역을 기반으로 하는 정치 공동체는 비교적 소규모 단위였다. 따라서 그 시대 지역사회 구성원들이 상호간에 인정할 수 있는 어떤 암묵적인 기준이 있었을 것이고, 그 기준이 분명하지 않다고 하더라도 당시에는 전혀 문제될 이유가 없었다는 것이다.[12] 민 교수가 독립성 여부에 초점을 맞추는 것은 아무래도 자본주의 이행논쟁에서 근대 자본주의 추진 주체를 독립소생산자의 양극분해에서 찾으려 했던 돕의 입장을 받아들였기 때문일 것이다. 실제로 그는 이미 1950년대 말에 돕-스위지 논쟁의 요지를 국내 학계에 처음 소개하기도 했다.

한편, 나종일 교수도 영국혁명 자체에 관해 간명하면서도 깊이 있는 연구를 진행한 바 있다. 그의 연구 가운데 주목할 만한 것은 올리버 크롬웰과 존 릴번, 두 혁명지도자의 인물 연구이다. 연구논문으로서는 상당히 긴 분량의 이 연구는 같은 정치적 신념을 공유하면서 협조관계로 출발한 두 사람이 어떻게 서로 대립하게 되었는지를 비교적 상세하게 추적한 다음, 두 사람의 사상과 태도를 서로 비교하고 있다. 나 교수는 크롬웰과 릴번의 정치이론이 큰 차이가 없었다는 점을 지적한다. 그럼에도 왜 두 사람이 서로 극단적으로 대립한 것일까? 혁명을 추진해 나가는 구체적인 전술에서 차이가 있었기 때문이다. 크롬웰은 정치적 신념을 유지하면서도 혁명의 승리를 위해 다른 정파와 타협하고 또 구호를 바꾸는 탄력적인 태도를 보여주었다. 이에 비해 릴번은 자신의 언설과 수사에 이르기까지 그가 진실하다고 생각했던 것에서 일탈하지 않도록 스스로를 경계했다. 말하자면 모든 운동에서 비타협적 자세를 견지했던 것이다. 나 교수는 현실주의자 크롬웰과 이상주의자 릴번 사이의 간극이 두 사람의 이념의 차이보다 더 넓었다고 주장한다.[13]

임희완 교수는 수평파운동을 좀더 체계적으로 소개하면서도 그들의 종교적 태도와 신앙을 강조한다는 점에서 민석홍 교수의 연구와 구별된다. 사실, 오늘날에도 영국혁명에서 종교적 원인을 강조하는 경향이 있기는 하지만, 임 교수의 연구는 오늘날 수정주의 연구와는 궤를 달리한다. 즉 수정주의 연구에서 영국혁명은 단순한 내란 또는 정변에 지나지 않는다. 그러나 임 교수는 영국혁명의 혁명성, 그리고 그것이 영국 근대사회의 전개과정에 미친 영향을 무엇보다도 강조한다는 점에서 정통 해석에 가깝다고 할 것이다. 다만, 지나치게 사회경제적 요인만을 강조하는 것에서 벗어나 이들의 종교적 신앙이 지배계급 또는 독립파의 신앙과 상당히 다르다는 점에 주목하며, 그 차이가 정치이론 및 사회관의 차이와 직접 관련된다고 생각한다.

임 교수는 영국혁명기 중요한 세력 가운데 하나였던 수평파의 운동을 분석하면서 그들의 사회·경제적 배경이나 이해관계보다는 신앙에 더 주목한다. 이러한 경향은 다른 영국사 연구자가 사회경제적 요인을 중시하는 것과 대비된다. 그러면서도 그의 연구는 근대화의 중요한 계기로서 영국혁명에 직접 연결된다. 그는 퓨리터니즘Puritanism의 다양한 발전 또한 근대화의 중요한 정신사적 측면임을 강조한다. 이런 점에서 수평파의 종교신앙이야말로 영국적 특성을 드러내는 것임과 동시에, 개인을 강조하면서 개인과 사회의 조화를 추구한 근대적 신앙의 한 형태라는 점을 부각시킨다.[14]

19세기 영국, 변화와 지속

앞에서 언급한 이행논쟁의 성과나 톰슨의 연구 이면에는 모두 영국이 근대사회로의 이행을 선진적으로 그리고 성공적으로 이룩했다는 전제가 깔려 있다. 영국의 사례를 근대화의 전범으로 보는 견해는 오랫동안 한국 지식인 사회의 통념으로 자리잡아 왔다. 심지어 오늘날 한국의 중고등학교 세계사 교과서나 대학 수준의 서양사 개설은 근대화론 위주의 서술형태를 취하고 있고, 그 중심 내용이 바로 영국 근대화 모델이다. 18, 19세기의 주제만 보더라도 영국의 발전 모델은 농업혁명, 산업혁명, 도시화, 노동계급운동, 자유주의적 개혁, 대의민주주의 발전, 복지국가 출현 등의 내용을 담고 있으며, 이러한 변화는 모두 근대사회 발전의 보편적 경로로 인식되었다.[15]

그러나 오늘날 영국사학계에서 이와 같은 해석에 동조하는 역사가들은 오히려 소수에 지나지 않는다. 근래 해석은 근대 영국 사회의 발

전을 주도한 여러 계기들의 혁명적 성격을 부정함과 아울러 점진적이
고 지속적인 변화를 강조하고 있다. 농업혁명에서 생산성의 비약적
발전은 이루어지지 않았고 영국만의 특유한 개량도 아니었다. 산업혁
명도 기계와 공장제의 완벽한 승리로 끝나지 않았다. 경제 전반에 걸
쳐서 전통적 부문과 근대적 부문이 공존하는 불균등 발전의 모습을
나타냈을 뿐이다. 노동계급의 형성 또한 점진적이었고, 노동운동 및
그 운동의 이념에서 핵심을 이룬 것은 전세기에 나타난 급진적 정치
이념의 전통이었다.[16]

특히 1980년대의 노동사 연구들은 노동계급의 형성 자체를 부정하
는 경향이 있다. 여기에서 계급은 존재론적 실재라기보다는 '담론적
현실discoursive reality' 이다. 계급은 언어로 형성된 개념일 뿐이며 따
라서 언어적 맥락에서 분석할 수밖에 없다. 최근의 연구들은 19세기
노동자와 관련된 텍스트에서 계급에 대한 명확한 인식이 없었음을 입
증함으로써 비계급적 집단이나 개인의 능동적인 행위를 강조한다. 19
세기 전반 노동자들의 문화는 계급 언어의 힘이 미약했음을 보여준
다. 생산에서 착취의 담론은 나타나지 않았고 전통적 급진주의 언어
가 노동자들의 생활을 지배했다는 것이다.[17]

한편, 수정주의 연구들은 19세기까지 영국 정치가 부르주아보다는
전통적 지배세력에 의해 주도되었다는 점을 강조한다. 우선 17, 18세
기에 형성된 정치적 전통은 19세기에도 존속했다. 그에 따라 체제의
근간을 이루는 '부패의 관행' 에 대한 중간계급의 비판이 이루어졌으
며 그들의 편입 요구는 1832년에 새로운 전기를 맞는다. 당시 귀족적
휘그 정부는 자유방임주의 개혁을 통해 그들의 지배구조를 강화했고

중간계급 또한 이에 안주했기 때문이다. 그러나 아직도 정치적 국민에서 배제된 노동계급은 이전에 중간계급이 그러했던 것처럼, 공화주의 또는 급진주의 언어의 지배 아래 정치권력의 재분배를 위한 투쟁을 벌였다. 이러한 운동은 일시적으로는 국가의 회유로 멈추어졌지만, 19세기 후반에도 자유주의적 급진주의는 여러 노동운동의 기본적 담론구조를 이루었다는 것이다.[18]

대체로 이전까지 정통 해석들이 19세기 영국사에서 지속보다는 변화를 강조한 데 비해, 새로운 수정주의 연구경향은 이와는 반대로 변화보다 지속에 주안점을 둔다고 할 수 있다. 그렇다면 이러한 해석의 변화가 한국의 19세기 영국사 연구에서 어떻게 반영되었으며, 한국의 역사가들은 어떻게 대응하고 있는가? 사실 영국사 연구에서 19세기의 비중은 압도적이다. 오늘날 영국 학계에서 장기 19세기 대신에 오히려 18세기사와 현대사 연구가 인기를 끌고 있는 것과는 달리, 한국의 영국사 연구는 연구자의 수나 연구 결과물에서 19세기사 연구가다른 시대의 연구들을 모두 합친 것만큼 비중이 높은 편이다.[19]

먼저 정치사 분야의 연구를 살펴보자. 19세기 영국 정치에 관한 근래의 수정주의 연구에서는 전통적 지배세력의 영향력이 지속되었다는 견해가 주목을 끈다. 대체로 18세기 초부터 1830년대까지 토지귀족의 정치적 지배를 지탱하는 긴요한 전략은 '오랜 부패관행Old Corruption'이었다. 이것은 지배층이 보상하거나 영입할 가치가 있는 사람들에게 부조금, 명예직책, 수당 등을 부여하는 관행으로서 토지귀족과 중간계급의 일부를 연결하는 접착제였다. 1832년 의회개혁이후 이 관행은 사라진다. 여기에서 중요한 것은 전통적 지배세력은

약화되기는커녕 오히려 단일한 지배구조를 강화해 나갔다는 사실이
다. 역설적이긴 하지만, 산업혁명과 더불어 토지귀족은 경제적으로
더욱 더 강력해졌으며, 그 이후 19세기 말까지는 토지귀족 지배의 절
정기였다. 이와 아울러 정당정치에서 이념이나 사상보다는 정치가 개
개인의 관계망과 이해관계를 강조하는 수뇌부정치High Politics 연구
도 중요하다.

그러나 국내의 연구들은 이와 같은 수정주의 해석에 별다른 관심을
기울이지 않는다. 19세기 전반의 경우 필R.Peel 내각의 정책을 둘러싼
분열이나 리처드 콥든Richard Cobden의 정치를 다룬 연구들은, 자유
당과 정당정치의 형성 또는 자유무역의 승리라고 하는 기존의 영국 정
치사 해석의 틀과 거리가 먼 것이 아니다.[20] 또한 윌리엄 글래드스턴
William Gladstone에 관한 지속적인 관심도 1880년대 자유당의 개혁정
치나 글래드스턴의 도덕적 리더십을 강조함으로써 기존의 수정주의
해석과 거리를 둘 뿐만 아니라 더 나아가 '수뇌부정치' 식의 연구경향
에 대해 일종의 대안을 제시한다.[21] 한편 19세기 중엽 이후 영국 외교
정책의 흐름과 그 한계를 거시적으로 추적하는 일련의 시도 또한 정책
결정자들의 한계와 19세기 말 영국 외교능력의 쇠퇴를 강조하기는 하
지만, 이 문제에 대한 우리의 통념에서 크게 벗어나 있지 않다.[22]

19세기 영국사를 변화의 시대로 파악하는 데 중요한 기여를 한 것
은 산업혁명일 것이다. 그러나 아놀드 토인비Arnold Toynbee, 폴 망
투Paul Mantoux로 이어지는 전통적인 산업혁명 해석은 근래에 관심
의 대상이 아니다. 지난 한 세대에 걸쳐 영국의 경제사가들은 산업혁
명의 단절성을 부정하는 작업을 경쟁적으로 계속해 왔다. 그들의 연

구에서 단절을 뜻하는 용어들, 이를테면 분수령, 전환점, 이륙과 같은 표현은 사실상 사라졌다. 산업혁명은 '잘못된 이름'이고 '신화'에 지나지 않는다는 것이다. 특히 1980년대에 산업혁명기의 국민소득 계정에 정교한 수정이 가해지면서 이제 점진론은 새로운 정통론으로 자리 잡기에 이르렀다.

그러나 국내 역사가들은 수정주의 해석을 이중적인 태도로 바라본다. 그들은 점진론의 다양한 계보를 정리한 연구를 내놓으면서도 이를 비판적으로 평가하고 있기 때문이다. 19세기 영국 경제에 관심을 기울이는 역사가들은 수정주의 해석이 일종의 '현재주의'의 영향을 받고 있다는 점을 주목한다. 니콜러스 크래프츠Nicholas F. R. Crafts를 비롯한 근래의 수정주의자들은 궁극적으로 1970년대 영국 경제의 침체라는 현실에서 자유롭지 못했다는 것이다. 역사 서술에서 현재주의의 영향을 인정한다면, 전산업적 생활공간에서 유년기 체험을 간직한 채 급격한 산업화를 겪은 한국의 역사가들이 산업화를 신화가 아니라 생생한 역사적 경험으로 강조하는 것 또한 마찬가지 맥락에서 이해해야 한다. 이들은 동시대 사람들의 담론 분석이나 해운업 등의 성장을 통해 변화의 근거를 찾기도 하고,[23] 노동력 이동의 공간이나 급속한 직종분화와 같은 삶의 여건 변화에서 격변의 흔적을 찾으려고 한다.[24] 그러나 이러한 시도가 현재 수정주의 연구의 대안이 될 수 있을지는 의문이다.

19세기 말 쇠퇴 문제에 관해서도 국내 연구는 기존의 정통 해석을 심화하거나 그 영향 아래 이루어지고 있다. 기술교육의 후진성을 강조하고 조기 산업화에 따라 너무 일찍 형성된 제반 제도들이 급격한 변화의 시기에 제도적 장애요인으로 작용했다는 연구들이 이에 해당한다. 귀족과 젠트리 문화의 지속적인 영향과 금융자본의 성장을 강조하는 새로운 해석들은 단순한 소개 이상의 중요성을 부여받지 못했다.[25] 이밖에 19세기 백인 정착지 확대운동에 참여한 사회세력을 치밀하게 분석함으로써 그 사회적 기반과 층위가 넓었다는 점을 밝힌 연구도 사회제국주의 논의를 심화시켰다고 할 수 있다.[26]

노동사와 노동운동에 관한 국내 연구 또한 18세기 정치이념의 영향을 강조하는 수정주의자들의 견해보다는 운동의 진보성과 사회주의로의 전화 가능성에 무게를 둔다. 공장개혁운동과 차티스트 운동에서도 그 반자본적 성격이나 사회개혁적 성격을 강조한다.[27] 노동귀족에 관한 심도 깊은 논의들도 왜 영국의 노동운동이 개량화될 수밖에 없었는가라는 고전적 문제의식을 계승한 것이다.[28] 19세기의 여러 정치 및 사회이론에 관한 연구들도 비슷한 시각을 보여준다. 신자유주의, 페이비어니즘, 길드사회주의에 관한 논의들은 그 이론과 운동이 보여준 한계를 지적하는 것보다는 개혁성과 사회주의 담론이라는 맥락에서 분석한다. 특히 페이비어니즘이나 길드사회주의는 영국 특유의 상황에서 변형된 사회주의이론으로 주목하기도 한다.[29]

요컨대 최근 10년간 한국에서 19세기 영국사 연구의 주류는 수정주의 연구에 대한 관심을 표명하면서도 여전히 지속보다는 변화에 무게를 두는 경향을 보여주었다. 이것은 영국 근대의 역사상을 완성된 근대로, 그리고 한국의 현재를 미완의 근대로 인식하는 근대 콤플렉스의 직접적인 반영이 아닐까 한다. 더욱이 압축적 산업화 시기에 유년 또는 청년기의 삶을 살아온 사람들이 연구자의 주류를 이루고 있는 상황을 고려하면 이러한 경향은 어쩌면 당연하다고 할 수 있다.

국내 영국사 연구자들은 마치 영국 문화가 그러하듯이 연구대상과 방법 면에서 보수적이라는 인상을 주는 것이 사실이다. 각 분야사마다 거시적인 주제나 전통적으로 중요하다고 여겨온 이슈들에만 집중하는 경향이 있으며, 최근의 포스트모더니즘 경향에 관해서도 비교적 냉담한 태도를 취하고 있다. 물론 언어적 접근이나 담론분석을 차용하는 경우가 있지만 정교한 분석까지 이르지 못했을 뿐만 아니라 '문화적 전환'이라고 부를 만한 참신한 시도도 거의 없었다. 그렇지만 최근 이러한 답보상태를 벗어나려는 움직임이 나타나고 있는 것은 반가운 일이다.

먼저 수정주의 해석을 적극적으로 받아들이고 그 연장선에서 학문적 깊이를 더한 연구들이 있다. 이것은 기존의 사회주의운동이나 제국주의 해석을 비판하는 데까지 이르고 있다. 예컨대 19세기 말 널리 사용된 '사회주의'라는 언어가 운동으로 전개된 역사적 실체라기보다는 자유당이나 심지어 보수당까지 사용한 일종의 슬로건이자 담론에 불과했다는 연구가 그 중의 하나다.[30]

제국주의에 관한 최근의 논의도 새로운 모색을 보여주고 있다는 점에서 흥미롭다. 사실 서양사학뿐만 아니라 인문학과 사회과학 일반에서 고전적 제국주의 해석은 신성불가침의 영역으로 취급되었다. 이것은 우리 지식인 사회의 과도한 민족주의 성향과도 밀접한 관련이 있다. 제국주의는 대부분 정치 또는 경제적 이해관계를 통해 연구되어 왔다. 그러나 제국주의를 다룬 최근의 연구들은 영미권에서 이루어진 수정주의 해석을 폭넓게 반영하고 있어서 눈길을 끈다. 제국주의는 중심부와 주변부의 상호작용의 관계로 보아야 하고 영국 제국 자체가 안전보장을 추구하던 과정에서 우연하게 형성된 것이며, 제국 팽창의 동인도 정치·경제적 맥락보다는 문화적 차원, 즉 영국적 가치의 전파와 문명화 사명이라는 집단적 망탈리테에서 찾아야 한다는 주장이 제기된 것이다.[31] 이러한 경향은 제국주의 담론과 문화가 타자로서의 주변부를 왜곡시킨 과정에만 초점을 맞추지 않고, 그것이 중심부에 끼친 영향도 아울러 중시하는 데까지 연결된다. 빅토리아 시대에 제국주의가 이른바 남성성의 형성과 변모에 어떻게 작용했는지를 추적한 연구가 이에 해당한다.[32]

아마 앞으로 19세기뿐만 아니라 근대사 전반에 걸쳐 변화 속의 지속을 강조하는 수정주의적 연구경향이 더욱더 증폭될 것이다. 이것은 오늘날 한국 사회의 발전과 더불어 젊은 세대의 연구자들이 근대 콤플렉스로부터 좀더 자유로울 것이라는 점에서 더욱 그렇다.

다음으로, 연구대상의 다변화를 추구하는 연구들도 눈에 띈다. 우선 여성사 분야를 꼽을 수 있다. 이전에 미답의 영역으로 남아 있던 여성사의 여러 주제들에 대해 연구가 급증하고 있다. 19세기 후반 고한제sweating system 아래서 임노동자화한 여성노동자의 문제나 또는 성병금지법과 같은 당시의 입법과정에 대한 반대운동을 복원함으로써 과거에 알려지지 않았던 하층여성의 삶을 좀더 잘 드러내고 있다.[33] 이들 연구는 궁극적으로는 성적 차이가 역사 속에서 성적 차별로 전화된 과정에 각별한 관심을 기울인다. 그리고 그 결과 법과 제도 또는 경제 영역을 넘어서 삶의 사적 세계에 깃들어 있는 여성에 대한 억압구조를 들추어낼 것이다. 이밖에 영국사에서 지금까지 부차적인 관심사에 지나지 않았던 아일랜드 문제를 복원하거나 동아시아에 대한 영국인들의 인식과 이미지, 그리고 그 반대의 경우를 동시대인의 진술을 통해서 밝히려 한 일련의 연구 또한 대상의 확대라는 점에서 높이 평가할 수 있다.[34]

마지막으로, 새로운 방법론에 대한 모색이 이루어지고 있다. 특히 언어적 접근이나 담론분석은 텍스트 분석이라는 전통적 연구방법의 연장선에서 가능하다는 점에서 주목을 끌고 있다. 19세기 후반 지식인 잡지나 신문들을 통해 특정한 이슈들에 대한 동시대 사람들의 논의를 집중적으로 분석하는 시도가 이에 해당한다. 예컨대 19세기 말 널리 사용된 '사회주의'라는 언어의 용례를 분석한 연구나, 아일랜드 자치법안, 경제 불황, 빈곤 등에 관한 지식인들의 담론을 치밀하게 분석한 연구들이 이에 해당한다.[35] 그렇지만 이와 같은 접근이 종래의 텍스트 분석과 과연 어느 정도 차이점을 보여주고 있는지는 되새겨보아야 할 것이다.

남은 이야기, 한국과 일본

서두에서 밝힌 것처럼 한국에서 영국사 연구자들의 근대 콤플렉스는 지식인 사회의 일반적인 정서였고, 이러한 정서는 학문 연구에서 두 가지 방향으로 표출되었던 것처럼 보인다. 하나는 일종의 자기부정으로서 성공적인 근대화를 성취한 영국적(또는 유럽적) 가치 자체에 매몰하는 태도이다. 이러한 태도는 초기 서양사 연구자들 일부에게서 나타난다. 그러나 좀더 일반적인 경향은 후진성을 인정하면서도 그 후진성을 극복할 수 있는 대안을 역사에서 찾으려는 태도였다. 말하

자면, 1950년대 일본의 사회경제사학에서 보여준 태도와 일맥상통한다고 할 수 있다.

그렇다면 어디에서, 어떻게 대안을 모색할 것인가? 당시 한국의 지식인 일반에게 근대화의 전범은 영국이었다. 이러한 편견이 구조화되면서 영국의 사회 변화나 특징을 무조건 근대화와 연결지으려는 오류가 나타난 것이다. 이러한 편견은 바로 '최초 증후군'과 곧장 연결되게 마련이었다. 역사학에서 '최초'라는 말은 각별한 의미를 지닌다. 왜냐하면 연구자가 변화를 중시하면 할수록 그 변화의 원인 또는 기원의 문제에 집착하기 쉽고, '최초'라는 말은 단순히 가장 먼저 시작했다는 의미를 넘어서 다른 것들의 기동력이자 다른 것을 해명할 수 있는 열쇠라는 식의 좀더 넓은 의미를 갖게 되기 때문이다. 이제 영국사는 한 나라의 역사가 아니라, 서양의 근대화를 이해할 수 있고 후진성의 대안을 모색할 수 있는 이념형으로 자리 잡기에 이르렀다.

여기에서 일본과 한국의 영국사 연구를 비교하면 흥미로운 사실을 발견할 수 있다. 대략 10년 또는 20여 년의 시차를 두고 학문적 관심을 공유한다는 점이 바로 그것이다. 1950년대에 일본 사회경제사 연구자들을 사로잡은 주제가 바로 자본주의 이행문제였고, 그것은 영국사에서 이행의 주체를 해명하는 형태로 나타났다. 그리고 이것은 영국혁명의 성격을 어떻게 규정할 것인가의 문제와 직결되었다. 한국에서 이러한 문제의식은 1960, 70년대에 그대로 이전된다. 제1세대에 속하는 한국의 영국사학자들은 영국 근대사회의 성립에 학문적 관심을 쏟았으며, 주로 영국혁명을 중심으로 그 이전의 사회변동이나 영국혁명 자체의 역사적 의미를 규명하는 데 초점을 맞추었다. 아마도 이 또한 근대 콤플렉스의 산물이라 할 것이다. 2차 세계대전 패배 이후 일본 지식인들의 자학적 자기 인식이나, 4·19혁명의 좌절을 겪은 이후 한국 지식인들의 정치적 후진성에 대한 자각은 의식의 공분모를 보여준다.

그러나 일본의 경우 1960년대 고도성장기에 진입하면서 역사가들의 학문적 관심은 튜더-스튜어트 시대에서 자연스럽게 산업혁명으로 옮아갔다. 그들은 산업혁명의 원인이나 배경보다는 산업혁명이 낳은 각종 사회문제에 주로 관심을 두었다. 이러한 변화는 근대 콤플렉스에서 탈피를 상징하면서, 그와 동시에 일본의 고도성장에 대한 현실 인식이 역사 연구에 투영된 결과라고 할 수 있다. 이것은 1980년대의 한국에도 그대로 나타난다. 이 시기에 영국사 연구에 입문한 사람들의 학문적 관심은 19세기 산업화, 노동문제, 사회주의 사상, 사회정책 등에 집중되었다. 이러한 경향 또한 후진성의 탈피와 함께 현실인식의 반영이라는 두 측면을 보여준다. 결국 1950년대 일본의 사회경제사가들, 그리고 1960년대 이래 한국의 영국사 연구자들의 정신세계를 지배했던 영국 근대화 모델은 실제 영국사 연구에서는 허구에 지나지 않는다. 그러니까 일본과 한국의 역사가들은 실재하지 않은 어떤 모델을 설정하고 그 모델과 자국의 역사를 암암리에 비교하면서 역사적 콤플렉스를 치유하는 고단한 작업을 계속해 온 셈이다.

포스트모던적 흐름이 역사학에 어떤 전

철저하게 재점검하고 그 나름의 메시지를 전해야 한다.

론에
이 있다.
료이다.
다.
료와,
편, 안 된다.
나 된다.

는지를
를

오늘의 역사학은 무엇을 할 수 있는가

전문 역사학의 위기

오늘날 대학에 기반을 둔 전문 역사학은 심각한 위기를 겪고 있다. 학문은 현실 사회와 밀접한 관련을 맺고 있으므로, 그 위기는 대체로 이 시대의 분위기를 반영한다고 해도 무방할 것이다. 그러나 역사학에 나타난 위기의 원인이 무엇인지, 또 그것이 어떻게 증폭되고 있는지를 정확하게 지적해 내기는 쉽지 않다. 다만 그 위기가 역사학의 안

밖에서 각기 진행되고 있으며 이 두 움직임이 서로 맞물려 있다는 점은 곧바로 확인할 수 있다.

우선 다른 인문학과 마찬가지로 역사학도 실용성이 없는 학문이라는 인식이 널리 퍼져 있다. 이것은 사람의 모든 활동을 자본과 시장의 지배에 두려는 신자유주의 분위기 아래서 나타난 불가피한 현상이다. 특히 이즈음 학부제 시행과 함께 대학의 구조조정 문제를 시장논리에 내맡기면서 사학과의 위축은 물론이고, 교양과정에서조차 역사교과의 위상이 땅에 떨어지고 있는 실정이다.[1] 이것은 비단 우리나라에만 해당하는 현상이 아니다. 유럽의 여러 나라에서도 역사학은 침체에 빠져 있다. 영국 대학의 경우 1980년대 이후 역사학을 전공한 전임교수의 수가 절대적으로 감소하기 시작했으며 역사가들의 노령화 추세도 눈에 띄게 늘었다.[2] 이제 역사학은 학문 후속 세대의 집단적 좌절과 고통을 넘어서 자기 재생산마저 불투명한 상황을 맞게 된 것이다.

다음으로, 근래에 서구 역사학은 이전의 학문적 전통과는 전혀 다른 새로운 연구경향이 나타나면서 혼란에 빠져 있다. 이 경향은 대부분 포스트모더니즘의 영향 아래 이루어졌다. 포스트모더니즘은 사고와 언어에서 독립된 현실을 인정하지 않으며, 기호와 언어를 통해서 표상된 세계의 이데올로기나 논리중심주의를 폭로함으로써 진리의 상대성을 내세운다. 이러한 지적 전통은 근대문명에 대한 불신과 환멸의 분위기에서 자라났다. 포스트모더니즘은 현존 세계의 불확실성이 높아짐에 따라 근대적 사유의 기초를 이루는 여러 학문 분야에서 한층 더 커다란 위력을 떨치고 있다.

현대 사회에서 포스트모더니즘의 영향을 고려하면, 역사학에서 이를 둘러싼 최근의 논란[3]은 오히려 때늦은 느낌이 없지 않다. 그동안 역사가들은 객관적 '실재reality'를 의문시하는 이 새로운 지적 흐름을 역사학 자체에 대한 공격으로 받아들였으며 '현실의 수호자'로서 역사학의 위상을 지키려고 노력해 왔다. 그러나 이제 역사학도 더 이상 포스트모더니즘의 외부에만 안주할 수 없게 되었다. 지금까지 주로 전체 사회의 구조와 변동에 관심을 기울여온 사회과학적 역사학은 언어·문화·상징에 나타난 의미를 해독하고 그 의미를 통해서 사회를 이해하려는 새로운 시도들의 도전에 직면한 것이다.

이 새로운 경향은 기존 역사학이 관심을 덜 기울여온 문화의 심층 영역에까지 연구의 지평을 넓히는 긍정적인 측면도 있다. 그러나 우리가 간과할 수 없는 것은 몇몇 지성사가들이 여기에서 더 나아가 역사 서술을 일종의 허구로 단정하는 데까지 이르렀다는 사실이다. 이 것은 역사학의 정체성을 부정하는 결과를 가져온다. 어떤 이들은 "역사학이 지닌 근대적 개념의 종국"이나 "서구 역사 서술의 가을"을 공공연히 언급하고 있다. '실재'에 대한 접근 가능성을 부정하고 역사 서술을 허구와 동일시하는 이러한 경향은 이 시대에 도대체 역사학은 무엇을 할 수 있는가 라는 본질적인 의문을 자아내게 한다. 로렌스 스톤은 그 두려움을 다음과 같이 표명했다. "포스트모던적 도전 때문에 전문 역사학은 역사학이 무엇을 하고 그 일을 어떻게 하는가에 관해서 자신감의 위기에 빠져들었다."[4] 이러한 회의와 불신은 비단 역사학의 위기로만 끝나지 않는다. 역사적 지식을 신뢰할 수 없다면, 우리는 어떤 객관적 지침과 기준을 가지고 이 혼돈의 시대를 건너갈 수 있는가라는 또 다른 근본적인 질문을 던지지 않을 수 없는 것이다.

이 안팎의 위기는 결국 역사가들 스스로 헤쳐나가지 않으면 안 된다. 특히 포스트모더니즘의 영향과 그에 따른 혼란은 역사가들의 고뇌와 자기성찰을 요구한다. 나는 시장논리와 구조조정을 탓하기 전에 우선 역사학의 철저한 자기반성이 이루어지지 않고서는 이 위기를 극복할 수 없다고 생각한다. 여기서 나는 1970년대까지 역사학의 주류를 이루어온 사회과학적 역사와 최근의 포스트모던적 움직임이 어떠한 차이를 드러내고 있는지를 살피면서 기존 역사학의 자기반성의 계기를 마련하려 한다.[5] 이는 동료 역사가들에게 다음과 같은 고뇌의 화두를 던지는 것이기도 하다. 과연 오늘의 역사학은 무엇을 할 수 있는가?

사회과학적 역사

근대 역사학은 레오폴드 폰 랑케Leopold von Ranke 이후 철학이나 문학에서 독립된 별개의 학문 분야로 발전했다. 랑케는 무엇보다도 객관적 '사실fact'에 대한 탐구를 통해 과거를 재현하는 데 관심을 기울였다.[6] 그는 문헌학의 방법을 역사 연구에 도입해 과거의 사료를 정확하게 이해하려고 노력했다. 역사가들이 과거를 재현할 때 주로 의지해야 할 것은 당대에 만들어진 문서와 그 잔존물인 원사료原史料였다. 역사가는 우선 그 사료가 진짜인가 아니면 후대에 변조된 것인가, 특정한 필자가 직접 쓴 것인가, 사료의 내용이 신뢰할 만한 것인가 여부를 따지는 작업을 선행해야만 했다. 그 방법은 사료의 내적 일관성과 다른 사료와의 일관성을 검토하는 작업이 주된 내용을 이루었다.

레오폴드 폰 랑케

사료비판을 위한 세미나는 과거의 진실에 다가서는 일종의 귀납적 방법이었다.

랑케 이후 이 사료비판은 당연히 과학적인 것으로 여겨졌다. 19세기 후반에 산업화 및 국민국가의 발전과 함께 자국사自國史 연구가 활발해지면서 역사가들은 문서고를 뒤지며 사실 찾기에 전념했다. 저기 사료 속에 사실들이 있다. 지층에 묻혀 있는 화석들이 지질학자의 발견을 기다리듯이, 사실들은 역사가의 발견을 기다린다. 역사가가 어떤 시대의 특정한 사실을 발견하면 그것을 찾는 작업은 곧바로 끝날 것이다. 당시의 역사가들은 이렇게 생각했다. 그리고 이런 맥락에서 근대 역사학은 '과학적'일 수 있었다.

그러나 20세기에 들어와서 역사가들은 그들의 학문 분야가 여전히 과학적이라고 고집할 수 없게 되었다. 역사학은 일회적 현상만을 다루고 예견할 수 없으며 법칙정립적인 것도 아니라는 비판에 시달렸다. 그뿐만 아니라 역사 연구는 객관적 '실재'에 쉽게 이르지 못했다. 어떤 역사가도 자신이 재현한 과거가 완벽하다고 주장할 수 없었다. '실재'와 역사가 사이에는 불완전한 사료, 역사가의 주관, 시대적 분위기라는 장애가 가로놓여 있었다. 그러나 이런 한계가 있음에도 역사가들은 역사 지식의 점진적 확대와 축적을 부정하지 않았다. 그들은 역사학 본래의 한계를 극복하기 위해 끊임없이 인접 학문의 방법을 받아들였다. 19세기에 랑케가 문헌학의 방법을 원용했듯이, 20세기의 역사가들은 경제학, 인류학, 사회학, 통계학 등 새로운 학문에 스스로를 열었고 그 자양분을 흡수했다.

역사학은 2차 세계대전 이후 괄목할 만한 발전을 보여준다. 전후의 장기 호황과 고등교육의 수요 확대가 이러한 발전의 배경이었다. 특히 서구의 역사가들은 사회과학의 개념과 방법을 원용해 과거 사회의 구조와 변동을 해명하는 작업을 계속했다. 프랑스의 아날학파, 독일의 사회구조사, 영국의 사회사, 미국의 신경제사 등이 이러한 지적 작업의 중요한 갈래를 이룬다. 이 흐름들은 서구 여러 나라의 학문풍토와 사회 분위기에 따라 제각기 독특한 특징을 나타냈다.

사회과학적 역사를 선도한 아날학파는 사건보다는 장기 지속적인 구조를 강조하고 역사현상의 계량화에 관심을 쏟았다. 이러한 계량화 작업은 처음에는 역사인구학의 발전에 크게 힘입었고, 다음에는 사회경제적 현상들을 넘어서 집단심성이나 종교의 영역에까지 그 분석대상을 넓혔다. 독일의 구조사는 칼 람프레히트Karl Lamprecht를 비롯하여 막스 베버Max Weber와 오토 힌체Otto Hintze로 이어지는 사회경제사학의 지적 전통 위에서 독일의 산업화 및 산업사회의 전체사를 재구성하는 데 노력을 기울였다. 전후 독일의 역사가들은 랑케 이래 독일 역사학의 주류였던 정치사에서 벗어나기 위해 노력했다. 물론 독일의 사회사가들이 개인의 전기적 서술이나 정치사보다 평균·구조·과정·체계 등에 집중한 것은 나치 시대 독일 역사가들의 정치적 기회주의에 대한 피해의식이 어느 정도 작용한 것처럼 보인다.

한편, 영국의 사회사가들은 근대사회로의 이행이나 노동계급의 형성을 마르크스주의적 관점에서 규명하는 일련의 연구에 뛰어들었다. 특히 에릭 홉스봄Eric J. Hobsbawm과 에드워드 톰슨은 독자적인 생활과 사고방식을 지닌 노동계급의 등장을 조명하거나 노동자들의 공동체·문화·작업장에서 노동자들의 집단적 자의식을 추적했다. 그들의

람프레히트

막스 베버

트 힌체

에드워드 톰슨

영향을 받은 다음 세대의 역사가들은 노동계급의 일상생활의 관행과 실천에 주로 관심을 기울였다. 미국의 신경제사는 근대 경제학의 분석틀에 토대를 둔 가설을 수량적 사료로 검증함으로써 과거의 경제 현상을 새롭게 해석했다. 물론 이를 가능케 한 것은 새로운 통계기법의 발전과 컴퓨터의 등장이었다. 이와 같이 사회과학적 역사는 서구 각국의 다양한 학문풍토 아래서 여러 가지 모습으로 발전했지만 몇 가지 공통된 특징을 지적할 수 있다.

첫째, 사회과학적 역사는 과거 사회의 구조 또는 전체상을 재구성하는 것에 초점을 맞춘다. 그것은 '실재'의 이면에 은폐된 구조가 그 '실재'를 설명하는 데 가장 중요한 요소라고 보는 구조결정론(사회환원론)에 바탕을 둔다. 이러한 방법은 어떤 지식의 확실성이란 그것이 기초를 둔 중심 개념을 통해 드러난다는 전제에서 출발한다. 예를 들어 역사적 현상은 '사회적인 것the social'에 의해서, 그리고 그 사회는 신분이나 역할 또는 계급을 통해 설명할 수 있다는 것이다. 그동안 사회과학적 역사는 시장경제, 생산양식, 토대와 상부구조, 사회적 역할, 계급, 공동체, 집단정체성, 권력 등 다양한 중심 개념을 사용해 왔다.

둘째, 사회과학적 역사는 진보의 맥락에서 과거를 해석한다. 사회 구성체의 이행이나 근대화와 같은 개념이 역사 서술의 이면에 자리 잡고 있다. 제2세대의 아날학파 역사가들이 주로 중세 및 근대 초기의 장기지속과 구조를 밝히는 작업에 뛰어난 성취를 보여주지만, 역시 많은 역사가들은 여전히 근대사회의 형성과 변동 그리고 그 구조에 관심을 기울였다.

예컨대 내가 공부해 온 영국 근대사 서술만 보더라도 그러한 경향을 쉽게 확인할 수 있다. 지난 1970년대까지 영국의 근대사 연구는 혁명적 변화를 통한 진보의 과정을 밝히는 데 관심을 기울였다. 튜더 행정혁명, 17세기 부르주아 혁명, 산업혁명, 19세기 도시화, 노동운동, 빅토리아기 행정혁명 등 여러 분야에서 일어난 계기적 혁명들은 영국사의 진보뿐만 아니라 세계사의 보편적 주제와 관련된 것이라는 확신을 심어주기에 충분했다. 튜더 행정혁명은 최초의 근대국가 성립을 뜻한다. 17세기 혁명은 사회경제의 근본적인 변화를 초래한 부르주아 혁명이었으며 산업혁명은 구세계와 새로운 세계의 분수령으로서 근대적 경제성장의 최초의 사례였다. 19세기 영국은 최초의 도시사회라고 할 수 있었고, 빅토리아 중기 영국의 경제적 번영은 산업자본의 승리를 나타내는 것이었다. 한편, 같은 세기 전반의 혁명적 노동운동에 대응하는 과정에서 일련의 자유주의적 개혁이 있었으며 그와 함께 행정혁명도 추진되었다. 최초의 근대국가, 최초의 시민혁명, 최초의 산업혁명, 최초의 복지국가는 세계사에서 역사적 전범으로 인정할 수 있었다. 이런 점에서 톰슨 이래 '노동계급의 사회사' 도 이와 같은 영국의 역사상에 걸맞는 것이었다. 왜냐하면 최초의 노동운동과 그 좌절 또한 산업 사회의 이해에 도움을 줄 것이기 때문이다.

근대성이 역사적으로 어떻게 구현되는지를 개략하기란 어려운 일이다. 그러나 우리는 적어도 몇 가지 중심 개념을 통해 그것을 확인할 수 있다. 자본주의는 시장관계를 통한 자본축적의 발전을 상징하고, 산업주의는 자연에 대한 인간의 지배력 증대를 나타낸다. 사회관계에서는 그 구성원을 조직적으로 관리할 수 있는 일종의 감시체제가 점차로 정교하게 발전했다. 이러한 경향은 정치, 경제, 사회, 문화 등 인간생활의 각 부문에서 증대되었다. 근대 영국의 역사상은 이러한 경향의 증대를 표현하며 이것은 비단 영국만이 아니라 19세기에 산업화를 이룩한 여러 나라에도 해당한다. 근대성의 '역사적 체현'이 사회과학적 역사의 중심주제였던 것이다.

셋째, 사회과학적 역사는 역사 연구가 객관적 '실재'에 대한 체계적인 접근을 지향해야 한다는 랑케 이래 전통 역사학의 기본전제를 벗어나지 않는다. 역사가들은 사실과 허구, 역사 서술과 문학의 이분법적 구분을 상식으로 받아들였다. 물론 여기에서 역사 연구가 객관적 '실재'에 곧바로 이를 수 있다고 주장하는 것은 아니다. 역사가들은 과거의 사실이 기록 및 그 기록에 대한 역사가의 해석과정을 거치면서 변화를 겪는다는 점을 대체로 인정했다.

이미 한 세대 전에 영어권의 역사가들은 역사적 사실의 객관성에 관해 대조적인 입장을 보여주는 두 저명한 역사가의 역사입문서에 친숙해 있었다.[7] 제프리 엘튼Geoffrey R. Elton은 과거의 '실재'에 대한 랑케적 접근의 가능성을 역설했다. 그는 사료 기록의 정확한 접근에 초점을 맞추었다. 이에 비해서 에드워드 카는 역사적 상대주의에 가까운 견해를 가졌다. 그는 역사적 사실이 객관적 '실재'의 투명한 반영이 아니라는 것, 그것은 역사가가 현재의 문제의식에 의거해 과거의 사실들에서 그 무엇인가를 선택하는 과정에서 형성된다는 것을 강조했다. 두 사람은 역사학의 방향설정에 관해서도 대조적이었다. 카가 역사 연구에서 사회학적 접근을 강조한 반면에, 엘튼은 중요한 역사 연구라면 당연히 정치적 사건에 관한 서사를 보여주어야 한다고 생각했다.

당시 역사가들은 대부분 카의 견해를 받아들인 것 같다. 카의 상대주의는 역사적 객관성이 실제로는 사실, 그 사실의 기록, 그리고 기록에 대한 역사가의 해석과정을 거치면서 변화를 겪는다는 점을 인정하고 있다. '사실'과 역사적 사실은 다르며 뒤의 것에는 불가피하게 역사가의 의도와 선택이 깃들어 있다는 것이다. 그래도 카는 그러한 의도가 현재 사람들에게 절실한 그 무엇인가를 반영하는 작업이라는 점에서 중요한 것이고 또한 역사가의 현재적 인식 밖에는 여전히 객관적 '실재'로서의 과거가 있다는 점을 받아들였다. 이것이 현재의 역사가와 과거 사이에 대화를 가능하게 하는 전제였다. 비록 엘튼과 카는 역사적 사실의 객관성에 관해서 다른 견해를 지녔지만, 그들은 궁극적으로 역사학의 진보를 믿었다. 엘튼은 역사 지식의 축적과정에서, 그리고 카는 역사학이 인접 사회과학을 통해 그 인식의 지평을 확대하는 과정에서 그것을 확신했다.

<u>포스트모더니즘의 도전</u>

지난 1980년대 이래 새로운 역사 서술의 흐름은 사회과학적 역사와 구별되는 특징을 보여준다. 새로운 역사학은 전체에서 미시적인 주제로, 구조에서 개인의 능동적인 행위로, 그리고 사회에서 문화로 연구의 초점을 바꾼다. 신문화사 또는 새로운 역사학이라고 할 수 있는 이 흐름이 앞으로 어떠한 방향으로 나아갈 것인지 예측할 수 없다. 다만 지금까지의 추세는 앞에서 언급한 사회과학적 역사의 세 가지 특징을

탈피하려는 경향을 뚜렷하게 나타낸다.

우선 새로운 역사학은 전체사 서술을 내세우지 않는다. 그것은 오히려 지금까지 절대적으로 생각해 왔던 사회구조나 중심 개념을 드러내 해체함으로써 역사현상에 대한 사회환원론적 설명의 가능성을 봉쇄한다. 중심 개념을 통해서 주변을 포함한 전체를 재현할 수 있다는 믿음은 허상일 뿐이다. 역사 인식에서 전체의 준거가 될 수 있는 '중심' 은 더 이상 존재하지 않는다. 이에 따라 새로운 역사학은 전체사·구조사의 패러다임에서 미시적 개인의 일상생활과 문화로 연구대상을 옮겼다. 이러한 변화는 근대화가 초래한 현대 사회의 혼돈과 근대성에 대한 깊은 불신을 반영한다.

새로운 역사학은 구조와 중심이 자리했던 곳에 일상의 문화와 상징을 채운다. 여기에서 문화란 사람의 행위 유형 또는 그 행위의 결과물들이 아니라 그러한 행위를 규제하는 프로그램으로 이해된다. 클리퍼드 기어츠Clifford Geertz에 따르면, 그것은 사람들의 경험을 해석하고 그들의 행위를 유도 또는 규제하는 의미와 상징의 체계이다. 사람은 자신이 짠 의미의 거미줄에 매달린 존재라고 할 수 있다. 문화의 사회사가 사회의 문화사로 바뀌어야 할 필요성이 여기에 있다. 새로운 역사학은 문화라는 텍스트에 나타난 사회적 표현들의 의미를 해독한다. 문화의 창을 통해 사회를 들여다보는 것이다.[8]

다음으로, 새로운 역사학은 근대성 자체에 회의를 표명하면서 궁극적으로는 진보로서의 역사를 비판한다. 오늘날 영국, 프랑스, 독일 등 각국의 근대사 연구에서 나타나는 다양한 수정주의 해석들은 이러한 경향을 반영한다. 근대사회 형성에서 결정적 계기라고 할 수 있는 주제들이 신화 파괴적인 수정주의 연구와 더불어 전통 해석의 해체라는 위기를 겪고 있다.

결국 이전의 근대사 연구에서 정립된 거대서사는 산업주의, 자본주의, 합리화와 같은 근대성에 대한 확신을 바탕으로 한 것이었다. 근대 사회는 주어진 현실을 신의 섭리와 운명으로 간주하던 삶의 양식을 벗어던지고 그 대신에 합리적 기획을 통해 사회의 진보를 모색하는 특징을 보여준다. 그러나 근대적 기획이 남긴 것은 인류의 생존을 위협하는 위험의 증대뿐이었다. 포스트모더니즘은 무엇보다도 근대화가 남긴 불안정에 대한 철저한 비판에서 출발한다. 근래에 서구 역사학의 여러 분야에서 전개된 수정주의 연구는 대체로 이와 같은 포스트모던적 분위기의 영향을 받았다고 할 수 있다.

마지막으로, 포스트모던적 움직임은 객관적 '실재'의 중요성을 과소평가하거나 그 자체를 부정한다. 이것이 포스트모더니즘의 영향 가운데 핵심이면서 논쟁의 주제라고 할 수 있다. 역사학에서 언어와 실재의 괴리를 강조하는 것은 현대 문예이론의 영향을 받아 이루어졌다. 근대적 사유에서 '표상representation'은 사람이 '실재'를 이해하는 인식의 전부로 간주된다. 그러나 소쉬르Ferdinand de Saussure 이래 언어이론은 언어가 '실재'를 그대로 반영하지 않는다는 점을 주목한다.[9] 언어는 세계에 대한 의미라고 할 수 있는 '기의'와 그것을 운반하는 '기표'로 구성된다. 여기에서 문제가 되는 것은 둘 사이의 연결(의미작용)이 아주 자의적이라는 사실이다. 즉 언어와 의미 사이에는 항상 차이가 있다. 모든 언술은 어떤 것을 다른 것의 의미와 동일시하는 은유 또는 환유로 이루어진다. 이해 행위도 새로운 어떤 것을

롤랑 바르트

페르디낭 소쉬르

클리퍼드 기어츠

우리에게 낯익고 친숙한 다른 것의 언어로 표현하는 것을 말한다. 세계에 관한 어떤 지식도 언어와 의미의 완전한 일치를 이룰 수 없다. 언어와 의미 사이의 연결은 오직 역사적 · 사회적 인습이라고 하는 외생적인 힘을 통해 이루어졌을 뿐이다.[10]

여기에서 '표상'은 '실재'가 아니라 '허구'라는 견해가 나타났다. 즉 '표상'으로 제시된 세계는 사람의 이성이 어떤 메타 서사에 입각해서 설명한 허구이며 따라서 그것은 '담론적 현실discursive reality'일 뿐이다. 이렇게 보면 역사 지식이나 역사 인식도 과거의 어떤 것을 우리에게 낯익고 친숙한 다른 것의 언어로 표현하는 것에 지나지 않는다. 롤랑 바르트Roland Barthes에 따르면, 역사 서술에서 객관성이란 역사가들이 과거가 저기에 있으며 발견되기를 기다린다고 상상하는 데서 비롯한다. 과거는 역사가들이 채워주기를 기다리는 빈 공간이라는 착각이야말로 역사 지식에 객관성을 부여하는 근거라는 것이다.[11]

이제 새로운 역사학은 과거와 그 인식문제에 관해 다음과 같은 명제를 내세우기에 이른다. 과거의 사실은 저기에 있다. 그러나 그것은 항상 담론 외부에 존재한다. 역사가는 그 '실재'를 그것에 대한 담론적 구성물 안에서만 인지하고 경험할 뿐이다. 이와 같은 명제 아래서 객관적 '실재'와 '허구' 사이의 구분은 무의미한 것이다. 새로운 역사학이 표방하는 '언어로의 전환inguistic turn'이 역사학의 정체성 위기를 초래했다고 비판받는 것은 이러한 이유 때문이다. 역사와 문학, 사실과 허구의 구분은 불필요하며, 역사 서술은 언제나 역사적 이미지를 창출하기 위해 은유를 사용해 왔다는 것이다.[12]

최근에 앤서니 이스트호프Anthony Easthope는 로렌스 스톤의 한 실증적인 논문[13]을 구체적으로 분석함으로써 역사 서술이 허구임을 간명하게 제시했다. 스톤의 글은 16, 17세기 영국에서 작위와 칭호가 늘어난 현상을 통해 일찍이 영국의 경제사가 리처드 토니Richard Tawney가 제시한 이른바 '젠트리 대두론'을 입증하려는 시도였다. 그 시대에 국왕은 항상 화폐 부족에 시달렸기 때문에 사람들이 돈을 바칠 경우에 작위와 칭호를 허락했다. 따라서 칭호의 수적 증가는 부를 축적한 사람들의 사회적 대두를 반영한다는 것이다. 이스트호프에 따르면, 스톤의 서사는 두 가지 전제에서 출발한다. 하나는 사회란 어떤 힘으로 작동되는 메커니즘이라는 것, 다른 하나는 사람들이 야심과 물질적 이득을 향해 움직인다는 것이다. 이것이 압력을 낳고 해소되지 않으면 긴장을 가져온다.

그러나 이스트호프는 과연 이 전제가 현실과 같을 수 있는가 의문을 제기한다. 스톤은 당시 돈으로 칭호를 사려고 하지 않은 사람들과 사회적 야망 이외에 다른 동기로 칭호를 가지려 한 사람들을 모두 배제한다. 이 결과 칭호추구는 사회적 야망이라는 단일한 동인으로 환원된다. 이스트호프에 따르면, 스톤이 배제한 다른 경우들 또한 현실이다. 그럼에도 스톤의 서사에서 이런 경우들은 비현실적인 것으로 제외된다. 결국 스톤이 연구대상으로 삼은 것은 '실재'가 아니라 그 '실재'를 자신의 의도에 맞추어 재구성한 '허구'였던 것이다. 이러한 비판을 통해 이스트호프는 현대 역사 서술이 빅토리아 시대에 발전한 것으로서 같은 세기 사실주의 소설과 흡사한 담론 양식을 보여준다는 결론에 이른다.[14]

지금까지 살펴본 바와 같이 새로운 역사학은 전체사 또는 역사의

바르트, 〈반反문자〉

연속성에 근본적인 회의를 표명하며 기존의 역사학에 적지 않은 충격을 주었다. 이와 함께 역사적 진실과 허구의 구분을 무너뜨림으로써 역사학의 기반을 흔들었다. 새로운 역사학에 많은 역사가들이 부정적 태도를 가지는 것은 이러한 경향이 궁극적으로 학문으로서의 역사학 자체를 부정하는 결과를 가져오지 않을까 하는 우려감 때문이다. 그러나 포스트모던적 움직임은 지금까지 역사가들이 당연한 전제로 내세웠던 것들을 다시 바라볼 수 있는 계기를 마련해 주었다. 특히 언어의 불완전성과 사료의 한계에 관해서 역사가들은 새롭게 성찰해야 할 시점에 이르렀다.

비판과 성찰

역사 지식의 객관성을 둘러싼 논란은 19세기 근대 역사학의 성립기에서 오늘날에 이르기까지 역사적 맥락에서 검토할 필요가 있다. 19세기 후반은 서구 여러 나라의 산업화가 진척되고 국민국가의 발전과 더불어 제국주의 경쟁이 치열해졌던 시기였다. 당시 서구 사람들에게 진보와 발전은 친숙한 개념이었다. 역사 자체도 진보하고 역사 지식 또한 객관적으로 탐구할 수 있다. 과거의 사실들이 모두 발견된 그 날에는 역사 쓰기도 끝날 것이다. 그 시대의 역사가들은 이렇게 생각했다. 그러나 이 믿음은 20세기 전반에 이르러 약해졌다. 법칙, 일반화 또는 패턴을 추구하는 자연과학이나 인접 사회과학에 비해 역사학은 사료비판 방법의 정확성을 제외하면 과학적이라고 할 수 없었다. 더욱이 20세기 전반에 전쟁, 장기불황, 혁명, 대량학살 등의 파국을 겪으면서 많은 사람들이 진보와 객관성에 회의를 품기 시작했다. 빌헬름 딜타이Wilhelm Diltey, 베네데토 크로체Benedetto Croce, 로빈 콜링우드Robin G. Collingwood로 이어지는 역사적 상대주의는 이러한 시대의 산물이었다.

2차 세계대전 이후 서구 여러 나라는 장기 호황의 경제적 번영을 누렸다. 중등 및 대학 교육의 비약적인 확대와 함께 역사교육의 수요가 늘었으며 대학의 전문 역사학도 괄목할 만한 발전을 이루었다. 사회과학적 역사는 사료의 한계를 사회과학의 방법으로 극복함으로써 과거의 진실에 더 가까이 다가서려는 집단적인 노력의 산물이었다. 그러나 1970년대에 이르러 서구 사회의 경제적 번영과 사회안정은 종국을 맞았다. 경제침체와 사회갈등의 증폭, 그리고 산업화에 따른 환경 오염이 현실적인 위험으로 등장하면서 근대성에 대한 회의의 분위기가 나타났다. 포스트모더니즘의 도전이 시작된 것이다. 이런 풍조에서 역사 지식의 객관성을 부정하는 논의가 전개된 것은 충분히 예상할 수 있는 일이었다. 이제 역사학에서 나타난 최근의 논의를 이와 같은 역사적 맥락에서 이해하면서 역사학의 객관성과 실용성 문제를 다시 검토한다.

우선 역사학은 사료를 통해서 어느 정도까지 객관성에 이를 수 있는가? 카는 과거에 일어났던 '사실'과 역사적 사실을 구분하면서 1850년 스탤리브리지 웨이크스Sttalybridge Wakes에서 빵을 팔던 노점상의 죽음을 그 보기로 들었다. 카에 따르면, 조지 키슨 클라크George Kitson Clark가 빅토리아 시대 영국 사회를 다룬 한 책에서 이 사건을 언급하기 전까지 그것은 역사적 사실이 아니었다.[15] 이 사건은 그가

빅토리아 시대 군중폭력의 한 사례로 언급한 후에 비로소 역사적 사실들의 모임에 들어오게 된 것이다. 최근에 리처드 에번스Richard Evans는 스탤리브리지에 산재한 갖가지 사료를 통해서 그 사건이 일어난 전후에 군중폭력을 보여주는 다른 사례가 있는지 면밀하게 조사했다. 그러나 조사 결과 철야제가 있었던 그 기간에 군중폭력의 사례는 보이지 않았고 오히려 그와 반대로 철야제에 참가한 군중이 질서 있게 행동했다는 각종 신문기사들만이 드러났다. 노점상의 죽음은 군중폭력의 증거가 될 수 없는 것이었다.[16]

'사실'과 역사적 사실의 구분은 어떤 혼란을 안고 있다. '사실'은 과거에 일어난 어떤 것이다. 노점상의 죽음은 역사가의 서술에 관계없이 역사적으로 일어난 사건이다. 역사가들은 과거가 남긴 잔흔을 통해 이를 확인할 수도 있고 그렇지 않을 수도 있다. 역사가들이 사실의 '발견'이라는 표현을 쓰는 것은 이런 이유 때문이다. 에번스에 따르면, 역사가의 해석이 개입하는 것은 사실의 발견보다는 역사 서술에서 '사실'이 '증거evidence'로 전화될 때이다.[17] 키슨 클라크가 제시한 노점상의 죽음은 '사실'이지만 '증거'로서는 의심스럽다. 그는 사료의 외적 일관성을 따지는 작업을 소홀히 한 것이다. 그러나 어떻게 한 역사가가 문서고를 뒤지며 관련된 모든 사료를 검토할 수 있겠는가. 다만 여러 역사가들의 지속적인 작업을 통해 그 오류를 점차 수정해 나갈 뿐이다.

한편, 포스트모던 이론가들의 경고를 말하지 않더라도 텍스트로서의 사료는 많은 경우에 모호하고 다중적인 의미를 내포하고 있다는 것을 역사가들은 숙지하고 있다. 스톤이 지적했듯이, 사료는 불투명하기 때문에 역사가는 작성자의 의도와 문서의 내용 및 그것이 쓰여진 문맥을 고려하지 않으면 안 된다.[18] 이것은 고된 노력을 필요로 하며 또 성공한다는 보장도 없다. 그렇다면 역사가는 이런 문제들에 직면해 어떻게 행동해야 하는가? 사료라는 텍스트는 다른 텍스트와 비교하기 어렵고 또 일부만 남아 있으며 원래 불투명한 의미를 가진다. 그러므로 역사가의 자의적 판단과 상상력에 의존하고 그 결과로 나타난 것 또한 일종의 허구라는 점을 자인할 것인가, 아니면 객관성을 자신하지 못한다 하더라도 불투명한 사료에서 투명한 의미를 찾기 위해 최선의 노력을 기울일 것인가? 포스트모더니즘을 표방하는 역사가라고 하더라도 실증적인 작업을 하는 연구자들은 대부분 아직은 뒤의 태도를 견지할 것이다.

'사실'을 둘러싼 문제는 여기에서 끝나지 않는다. 역사이론가들은 주로 과거에 일어난 '사건'을 '사실'의 보기로 인용한다. 그러나 '사실'에 해당하는 것은 이것만이 아니다. 근대 역사학의 관심분야가 정치사와 외교사에서 경제사나 사회사로 확대되면서 과거의 상태 · 체계 · 과정 등도 '사실'에 포함되기에 이르렀다. 이러한 것들은 사료라는 텍스트에서 곧바로 나타나지 않는다. 그것은 대부분 역사가가 인류학이나 사회과학과 같은 인접 학문 분야의 여러 이론과 방법을 통해 사료를 재구성하고 조작함으로써 알아낼 수 있다.

예컨대 나는 이전에 19세기 영국 공장법factory acts의 사회적 성격을 연구하면서 영국 왕립위원회 보고서들에 실린 여러 설문조사자료를 사회통계의 방법으로 분석해 유의미한 교차표cross-tabulation들을 작성할 수 있었다. 이 표들은 1830년대 면공장의 증기력, 아동고용,

노동시간에 대한 노동자들의 계층별 선호도 등 여러 사항들을 알려주고 있다.[19] 이것은 이 시기 공장의 상태를 보여주는데, 이 또한 '사실'에 해당한다. 여기에서 특이한 것은 사료작성자나 동시대 사람들도 전혀 알지 못하는 '사실'이라는 점이다.

나는 역사 서술이 허구라는 인식이 나타난 데에는 단순히 포스트모더니즘의 영향뿐 아니라 오늘날 역사학의 연구행태도 작용했으리라고 생각한다. 실증적인 역사 연구는 아직 재현되지 않은 과거의 '틈 메우기'와 이미 재현된 과거를 비판하고 새롭게 재현하는 '뒤집기'라는 두 가지 유형으로 나눌 수 있다. 이전에는 앞의 작업이 대부분이었을 것이다. 그러나 역사 연구의 심화와 더불어 뒤의 유형이 점차 지배적인 것으로 자리잡았다. 역사학처럼 논쟁이 심한 학문 분야도 드물다. 역사 지식은 누적되지 않는다는 극단적인 주장이 제기되는 것은 이 때문이다. 더욱이 전후의 번영기에 대학에 들어가려는 역사전공자는 독창성을 염두에 두면서 끊임없이 '뒤집기' 작업에 매진하지 않으면 안 되었다. 실제로 박사논문을 준비 중인 역사학도는 그가 수집한 원사료와 2차 문헌을 훑으면서 마치 자신이 그 주제에 관해 가장 잘 알고 있다는 착각에 빠지기 쉽다. 이에 덧붙여 독창성이라는 학계의 주문에 시달리다 보면, 근대 역사학의 기반이라고 할 수 있는 사료비판을 소홀히 하는 경우가 적지 않았다. 그러면서도 기존 해석에 대한 '뒤집기'는 가능한 것이었다. 부끄러운 일이지만 나 자신을 포함해 많은 역사가들이 사료의 불투명성과 텍스트의 다중적 의미를 강조하는 포스트모더니즘 이론을 만나기 이전에 이미 사료의 자의적 선택과 왜곡, 상상력, 편의주의 등을 구사해 역사 서술이 허구임을 스스로 입증해 왔던 것이다. 그리고 자신의 서술에 스스럼 없이 현재적 관점이라는 겉옷을 입혔다. 1981년에 일어난 이른바 '에이브러햄' 사건이 그 좋은 보기이다.[20] 역사가는 텍스트로서 사료의 한계를 절감할수록 그것에 더욱더 조심스럽게 접근하지 않으면 안 된다.

다음으로 역사학의 실용성 문제를 검토하기로 한다. 인문학에서 실용성을 직접 언급하는 것은 무리라는 주장도 가능하다. 그것은 사람의 교양과 내면적 성장에 도움을 주기 때문에 실용성 척도의 대상을 넘어선다는 것이다. 과거 사람들의 삶의 편린들을 들추어냄으로써 인간에 대한 우리의 이해를 심화시킬 수 있지 않은가. 우리가 현재의 좌표를 식별하기 위해서는 지금에 이르는 과거의 궤적을 살피지 않으면 안 된다. 그러나 역사가들이 아무리 이러한 점들을 강조하더라도 그것은 공허한 소리에 지나지 않는다. 오늘날 신자유주의 분위기 아래서는 실용성이나 가시적인 성과가 없는 것은 중요하게 생각하지 않기 때문이다.

역사 지식은 왜 중요한가? 여기 기억을 잃어버린 사람이 있다고 하자. 주위 사람들은 그의 행위를 정상적인 것으로 인정하지 않는다. 그가 어떤 기준에 따라서 행동한다고 생각하지 않기 때문이다. 사람의 기억은 그의 현재 활동과 사고의 기준을 제공한다. 사회의 경우도 이와 다르지 않다. 역사 지식은 사람들이 집단적으로 공유하는 '사회적 기억' 이다. 그 기억은 진실에 가까워야 하고 왜곡되지 않아야 한다. 그 사회집단의 행동과 집단의식에 잘못된 기준을 강요할 위험이 뒤따르기 때문이다. 많은 나라에서 국민교육 차원의 역사교육을 중시하는 것이나, 우리가 일본의 교과서 왜곡에 분노하는 것도 이러한 까닭에서 비롯한다.

또한 역사 지식은 실용적인 측면도 있다. 사람들은 역사에서 교훈을 얻는다. 정치인들은 역사 지식에서 지금의 현실에 대처하는 교훈을 얻을 수 있다고 믿는다. 이러한 교훈은 역사 지식의 일반화와 관련된다. 일반화는 어떤 역사적 사실을 통해 얻어진 패턴을 비슷한 조건이라고 생각되는 사실들에 적용하는 것이다. 일반화의 배후에는 아마도 인간의 속성은 통시적이라는 암묵적인 동의가 자리 잡고 있을 법하다. 러시아 혁명기에 볼셰비키들은 이전의 영국혁명이나 프랑스혁명의 전개과정을 알고 있었다. 그들은 혁명이 크롬웰이나 나폴레옹 같은 군사독재자의 지배로 귀결되었다는 것도 알고 있었다. 트로츠키가 밀려난 것은 부분적으로는 그의 군사적 영도력을 두려워한 상당수의 볼셰비키들이 지지하지 않았기 때문이다. 1956년 영국 수상 앤서니 이든Anthony Eden은 나세르 대령의 수에즈 운하 국유화 선언에 맞서서 무모한 군사개입을 감행했다. 이는 일찍이 뮌헨회담에서 드러났듯이, 히틀러와 같은 독재자에게 양보하면 더 커다란 위험에 직면한다는 교훈을 염두에 두고 있었기 때문이다.[21]

그럼에도 역사가들은 이와 같은 일반화에 가능하면 침묵을 지킨다. 영국혁명과 러시아 혁명, 히틀러와 나세르는 동일한 조건이 아니므로 비슷한 패턴으로 일반화할 수 없다고 생각한다. 그들은 내심으로는 일반화를 추구한다고 하더라도 실제 역사 서술에서는 일반화와 거리를 두려 한다. 토인비의 《역사의 한 연구*A Study of Hisotry*》가 전문역사가들의 높은 평가를 받지 못한 것은 그 책이 '도전과 응전'이라는 패턴을 통해 문명의 흥망을 일반화했기 때문이다. 그럼에도 토인비는 어느 역사가도 누리지 못한 대중적 명성을 얻었다. 일반화가 어렵다고 생각하는 것과 일반화를 멀리하는 것은 다른 차원의 문제이다. 역사가는 일반화의 어려움을 숙지해야 하지만, 그렇다고 그 작업을 포기할 수 없다.

정치인만이 아니라 일반 사람들도 상당수가 역사 지식에 흥미를 가지고 있다. 대중을 겨냥한 역사 관련 서적이 꾸준하게 팔리는 것은 우리나라를 포함해 여러 나라에 공통된 현상이다. 정치인이건 일반 사람이건 역사에 관심이 많은 것은 단순히 교훈 때문만은 아니다. 나는 이러한 관심이 일상생활의 대화 또는 담론의 장에서 많은 사람들이 언술을 통한 지배를 추구하려는 욕구와 관련된다고 생각한다. 사람들은 일상적 대화나 토론에서 다른 사람을 설득함으로써 지배력을 행사하려고 한다. 언어를 통한 지배의 유력한 도구는 비유이다. 여기에서 객관성으로 포장된 역사 지식은 비유의 가장 강력한 무기이다. 정치인만이 그의 연설에서 역사 지식을 비유의 무기로 사용하는 것은 아니다. 일상적인 대화에서 우리는 대체로 역사 지식을 중요한 자료로 삼으려는 경향이 있다.

또한 사람들의 원초적 호기심도 역사 서술에 관심을 불러일으킨다. 누구나 호기심은 있게 마련이므로, 자신의 주변 사람들의 삶을 엿듣고 훔쳐보는 일은 그 자체가 즐거움이다. 역사 서술은 지금과 동떨어진 시대의 사람들, 그래서 지금의 나와 전혀 관련이 없는 사람들의 삶의 모습을 엿듣고 훔쳐볼 수 있는 기회를 제공한다. 이처럼 일반 사람들이 이러 저러한 이유로 역사 서술에 관심을 가지고 있음에도 전문 역사가의 역사 서술은 그들에게 읽히지 않을 뿐만 아니라 그들을 겨냥하지도 않는다는 데에 문제의 심각성이 있다.

역사학이 실용성이 없다는 인식이 널리 퍼진 것은 기존의 역사 서술이 일반 사람들의 관심을 스스로 멀리한 데서 부분적인 이유를 찾을 수 있다. 전문 역사 서술은 일반 사람들은 고사하고 동료 역사가들마저 읽기 힘든 경우가 많다. 십 수년전에 스톤은 '이야기체 역사' 의 부활을 언급한 적이 있다.[22] 물론 나는 역사 서술이 객관성을 담지하지 못하기 때문에 문학과 구별되지 않는다는 포스트모던 이론가들의 주장을 인정하지 않는다. 역사 서술은 다만 그 형식에서 문학과 구별되지 않을 뿐이다. 원래 역사학은 문학과 마찬가지로 그 자신의 고유한 전문 언어를 사용하지 않았다. 문학작품의 독자와 역사 서술의 독자는 겹쳐 있었다. 그러나 사회과학적 역사는 인접 학문 분야의 전문 언어를 차용해서 역사 서술을 어렵게 만들었다. 사회과학의 전문 언어를 도입함으로써 과거에 대한 인식의 지평은 넓혔지만, 그 대신에 역사 서술의 전통적인 독자층을 잃었다. 사회과학적 역사는 전통적인 독서층을 잃어버림으로써 스스로 위기를 불러온 것이다.

프랑스 역사학을 제외하면, 전문 역사 서술이 일반인의 관심을 끄는 경우는 거의 없다. 역사 서술은 그 표현형식에서 인접학문의 전문 언어를 평범한 언어로 바꾸고 쉬운 표현을 구사해야 한다. 도미니크 라카프라Dominick LaCapra는 역사 서술의 언어가 패러디, 아이러니, 자기풍자 등 다양한 방식을 통해 다중적인 소리를 내야 하며 과학성이라는 이름으로 포장한 정확한 언어를 배제하라고 권유한다. 역사학 자체가 수사의 한 형태이기 때문이라는 것이다.[23] 그러나 역사 서술이 문학과 비슷한 언어를 사용한다고 해서 문학적 수사를 내세워야 할 이유는 없다. 언어의 정확성은 역사 서술의 의무이다. 역사와 문학의

구분을 무너뜨린 포스트모던 이론가들의 서술이 오히려 난해하기 짝이 없는 표현형식을 취하는 것은 이해하기 어렵다. 역사학은 스스로 그 독자를 창출하지 않으면 안 된다.

새로운 편력을 위하여

역사학은 여전히 과거의 진실을 밝히려는 학문활동임에 틀림없다. 근대 역사학이 성립된 이래 그 근본 성격은 변하지 않았다. 우선 역사학은 엄밀한 의미의 과학이라고 할 수 없으나, 독일어 '비센샤프트 Wissenschaft'에 해당하는 느슨한 의미의 과학으로 생각할 수 있다. 여기에서 느슨한 의미의 과학이란 법칙과 일반화와 예견 가능성을 전면에 내세우지는 않지만, 탐구의 결과를 연구자들이 검토하고 공유하는 일종의 조직화된 지식체계를 뜻한다. 그러나 역사학은 그 이상의 것이다. 그것은 오래 전부터 주위에 독자를 형성해온 준準문학적 장르였다. 역사 서술의 독서층이야말로 역사학의 존립 기반이었다. 과학 연구의 결과물은 과학의 발전으로 나타나고 사회과학 연구는 결국 정책으로 표현된다. 그러나 역사 서술은 독서층을 통해서 스스로를 실현한다. 이와 아울러 역사학은 사료비판에서 글쓰기에 이르기까지 다년간의 수련과 기예연마를 요구하는 장인적 직종으로서 소량생산을 특징으로 한다. 역사학의 장인적 성격은 어쩌면 학문까지도 대량생산 체제로 변모시키는 오늘날의 사회에 적절하지 않은 것인지도 모른다. 그러나 이 시대에 역사학은 그 장인적 덕목을 절실하게 필요로 한다.

포스트모던적 도전에도 불구하고 다수의 역사가들은 상상의 과거가 아니라 '실재'로서의 과거에 접근하려고 노력한다. 역사가는 언어적 한계를 지닌 사료를 대상으로 작업하지만, 그가 추구하는 것은 텍스트 이전에 존재한 과거이다. 물론 역사가들은 사료의 다중적 의미와 모호함, 언어 자체의 비지시적 성격을 항상 고려하면서, '실재'로의 접근이 그만큼 어렵다는 것을 인정해야 한다. 그러나 언어와 실재의 괴리를 인정하더라도 우리는 둘 사이의 관계를 포기할 수 없다. 일찍이 불교의 선사상은 이렇게 말하지 않았던가. "언어로 진리를 세울 수 없지만 언어를 떠나서는 진리를 알 수 없다不立文字 不離文字". 이와 함께 역사는 이야기체의 서술형식을 지닌다는 점에서 독자를 겨냥하는 문학적 성격을 나타낸다. 역사가들이 스스로 독서층을 복원할 수 있는 새로운 글쓰기를 모색해야 하는 것은 이러한 이유에서이다.

포스트모던적 흐름이 역사학에 어떤 전망을 부여할 것인지 아직은 추측할 수 없다. 다만 그것이 기존의 역사학에서 간과한 것을 일깨우는 선에서 더 나아가 언어결정론에 빠진다면, 역사학의 정체성 위기를 가져올 위험이 있다. 왜냐하면 그것은 일종의 지적 허무주의에 지나지 않기 때문이다. 허무주의는 이 혼돈의 세계에 어떠한 지침도 제공할 수 없다. 언어의 불완전성을 넘어서기 위해서 역사가들은 사료와, 다른 역사가들과 그리고 독자와 끊임없이 대화하지 않으면 안 된다. 대화는 낮은 수준이나마 그 주체들이 함께 생성하며 진실에 좀더 가까이 이르는 길을 열어준다. 특히 근대사를 연구해 온 역사가들은 자본주의나 산업주의 또는 감시체제와 같은 근대성의 역사적 체현이 어떻게 파국을 향해 치달려왔는지를 철저하게 재점검하고 그 나름의 메시지를 전해야 한다. 역사학은 미래를 예측할 수도, 현재를 진단하고 그 처방을 내릴 수도 없지만, 이 시대의 파국을 벗어나기 위한 토론과 대화의 장을 마련하는 데 직접 기여하지 않으면 안 된다. 오늘의 위기를 벗어나기 위한 작업은 아마도 젊은 세대의 역사가들에게 넘겨질 것이다. 자신의 직종에서 수업을 끝낸 수련공들은 그 위기의 세계로 편력을 떠나고 있다. 이들의 고단한 편력이야말로 역사학의 새로운 소생을 위한 작업이 될 것이다.

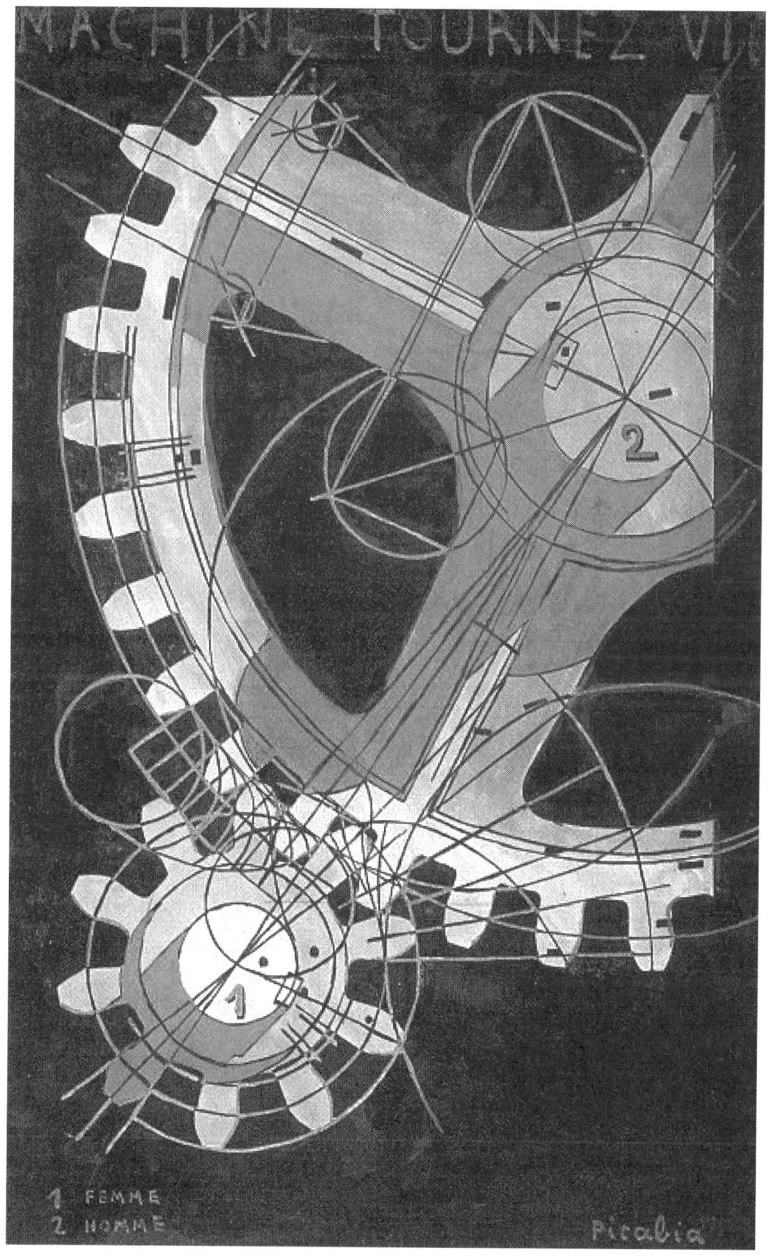

MACHINE TOURNEZ VITE
2
1
1 FEMME
2 HOMME
Picabia

실제로 이 시대에 전문 역사가들이 고딕

…상화도 이 시대에 새로운 형…

자리잡을 수 있지 않을까.

다.
진

있도록

해야

와 방담
방담

'역사학을 위한 변론', 그 이후

역사학의 정체성 위기

근래에는 그 기세가 한풀 꺾인 것처럼 보이지만, 1990년대 영미 역사학계에서는 포스트모더니즘을 둘러싼 논란이 끊이지 않았다. 포스트모더니즘은 사고와 언어에서 독립된 현실을 인정하지 않고, 기호와 언어를 통해 표상된 세계의 이데올로기나 이성중심주의를 폭로함으로써 진리의 상대성을 내세운다. 일부 역사이론가들은 여기에서 그치

는 것이 아니라, 역사 서술을 일종의 문학으로 단정하는 데까지 나아
간다. 객관적 '실재'에 대한 접근 가능성을 부정하고 역사 서술을 허
구와 마찬가지로 바라보는 이러한 경향은 역사학의 정체성이 무엇이
며, 이 시대에 도대체 역사학은 무엇을 할 수 있는가라는 본질적인 의
문을 불러일으킨다.

리처드 에번스의 《역사학을 위한 변론》[1](이하 《변론》)은 최근까지 서
구 역사학에서 전개된 포스트모더니즘 논쟁을 상세하게 정리하면서,
역사적 사실의 객관성이나 인과관계와 같은 본질 문제들을 다시 성찰
한다. 이 책에서 에번스는 그의 실증적 연구경험을 토대로 포스트모
더니즘 논의를 치밀하게 분석하고 더 나아가 카Carr가 《역사란 무엇
인가?》에서 화두로 삼았던 주제들을 재해석한다. 따라서 에번스의 책
은 카의 책이 나온 이래 지난 한 세대에 걸쳐서 이루어진 역사 인식의
새로운 경향을 반영한다.

그동안 포스트모던 이론에 대해 실증적인 역사가들이 다양한 비판
을 제기한 것은 사실이다. 그러나 그것은 단편적인 언급에 그치거나
포스트모더니즘의 특정한 경향만을 다루는 경우가 대부분이었다. 이
에 비해 에번스의 책은 거의 모든 포스트모던 이론가들의 견해를 수
합·정리한 후에 그 자신의 의도에 따라 논지를 전개하며 치밀하게
비판한다. 이 비판의 이면에는 실제 역사 연구를 통해 그가 쌓아온 다
양한 경험들이 녹아 있다.

에번스의 책이 출간된 이후 그의 포스트모던 이론 비판을 둘러싸고
다양한 논란이 일었다. 처음에는 신문이나 잡지의 서평 형식으로 이
루어졌지만, 좀더 본격적이고 구체적인 논쟁은 런던 대학 역사연구소

Institute for Historical Research의 '웹진Reviews in Hisotry'에서 전개되었다. 1999년 9월 이후 에번스는 자신의 책에 대한 여러 논평을 논박하는 장문의 글을 '웹진'에 올렸다. 이러한 방식은 그 자체가 21세기의 새로운 학문적 담론형식임을 일깨운다. 이제껏 오프라인에서 소수 전문가들 사이에서만 이루어지던 학문적 논쟁이 온라인에서 다양한 사람들에 의해 새롭게 생성되고 있는 셈이다.[2]

에번스의 '역사학을 위한 변론'

독일 사회사를 전공한 에번스가 근래의 포스트모던 경향을 정리, 비판한 역사이론서를 펴낸 것은 뜻밖의 일이다. 그는 역사 연구소의 '웹진'에 올린 자신의 반론에서 이 책의 저술 동기를 간략하게 술회한다.[3] 1990년대 중엽 에번스는 버크벡 칼리지의 정치학·역사학·철학 협동과정을 수강 신청한 학생들에게 역사학개론을 가르쳤다. 대부분 야간 학생들로 이루어진 이 수업에서는 무엇보다도 강의내용이 평이하면서도 학생들의 흥미를 자아낼 수 있어야 했다. 그는 지난 30여 년간 카와 제프리 엘튼의 역사입문서[4]가 학생들 사이에 가장 널리 읽히고 있다는 사실에 불만을 가졌다. 사실 이들의 입문서는 역사 연구와 역사학의 본질적인 주제들에 관한 깊은 성찰을 담고 있지만, 다른 한편으로 이들을 통해서는 지난 한 세대에 걸쳐 이루어진 역사학의 새로운 변화와 포스트모더니즘의 영향을 살펴볼 수 없었기 때문이다. 에번스의 책은 이러한 부족감을 채우기 위한 노력의 산물이다.

이 책에서 에번스의 본래 의도는 포스트모더니즘의 '극단적 상대주

리처드 에번스

의hyper-relativism'와 전통 역사학의 경험주의, 서로 대립되는 이 두 경향의 중간에 서는 것이었다. 그러나 논의의 무게중심은 앞의 것을 비판하는 방향으로 기울어졌다. 이는 실증 역사가들보다는 특히 역사 이론가들이 역사의 정당성에 대한 회의 분위기를 퍼뜨리는 것에 자극 받았기 때문이다. 그는 이 극단적 상대주의자들에 맞대응하고 논쟁함으로써 전문 역사학을 옹호하는 데에 관심을 기울였다.

그렇다면 근래에 포스트모더니즘은 역사학에 어떤 영향을 미치고 있는가? 사실 이러한 문제를 구체적으로 살펴보는 것은 어려운 일이다. 에번스에 따르면, 포스트모더니즘은 일종의 "편리한 표지"이다. 그것은 조직적 움직임이 아니며 일관된 이데올로기에 해당하지도 않는다.[5] 이런 난점을 지적하면서도 에번스는 포스트모더니즘의 영향을 받은 역사 서술의 새로운 경향을 다음과 같이 정리한다.

우선 역사적 사실의 객관성을 문제 삼는 해체론적 관점을 들 수 있다. 해체론에 따르면, 언어는 원래 불완전하므로 역사 연구의 근거가 되는 사료 또한 다의적이고 유동하며 작성자와 별개로 존재한다. 본질적으로 역사가는 실재에 접근할 수 없으며, 그가 바라보는 연구대상은 항상 '담론적 현실'(텍스트)로만 다가온다. 객관성이란 역사가들이 과거가 저기에 있으며 발견할 수 있다고 상상하는 데서 비롯할 뿐이다. 그들이 이렇게 생각하는 것은 스스로를 발견과정에 종사하는 '이성적 존재'로 설정하기 때문이다. 해체론자들에 따르면, 원래 객관성이란 '지시적 착각referential delusion'이다. 따라서 역사 서술에서 사료에 근거를 둔 대부분의 묘사와 설명은 객관적 과거를 각인하려는 일종의 '현실효과real effect'에 지나지 않는다는 것이다.[6]

다음으로 반反인과론은 역사 서술에서 사건이나 현상의 원인을 탐구하는 오랜 관행 자체에 의문을 제기한다. 역사가들은 본능적으로 모든 사건을 원인과 결과의 패턴으로 설명하려고 하지만, 이것은 허구에 지나지 않는다는 주장이다. 인과관계란 역사가의 수사의 산물일 뿐이며, 그것은 서로 다른 탄층에 묻혀 있는 현상들을 의도적으로 관계지우는 일에 지나지 않는다. 후대의 역사가들은 후방가늠자 식의 작업을 통해 자의적으로 인과관계를 설정하고 또 그것을 합리화할 수 있다.[7]

마지막으로 다多문화주의multi-culturalism는 지금까지 역사 지식이 지배계급이나 특정한 사회세력의 이해를 반영할 뿐이라고 비판한다. 사회 안의 다양한 집단들은 제각기 역사에 대해 그 나름의 정당한 시각과 전망을 가지며 기존 역사 지식에 대응해 독자적인 역사를 내세울 수 있다는 것이다. 여기에서 계급중심의 역사 대신에 다양한 사회적 정체성(동성애자, 성별, 인종, 사회적 일탈자 등)을 중심으로 역사를 재구성하려는 움직임이 나타난다. 이제 역사 연구의 주된 관심은 계급에서 다양한 정체성으로, 그리고 경제나 사회와 같은 '단단한 것'에서 언어·문화·관념 등 '부드러운 것'으로 바뀌고 있다. 근래에 영미 역사학계에서는 종래의 백인, 남성, 계급, 서구 중심주의의 허구성을 폭로하고 그 대안으로 다양한 사회세력의 차이를 중심으로 새로운 역사상을 제시하려는 '정체성의 정치identity politics'가 역사 서술의 중요한 화두로 떠오르고 있다. 이 새로운 경향은 지금까지의 지배 이데올로기와 주류 역사 서술을 공격하는 양상을 보여주는데, 일종의 '정치적 교정political correctness'에 해당한다.[8]

에번스는 반인과론과 다문화주의의 경우 그 경향의 부정적 측면을 지적하면서도, 다른 한편으로는 기존 역사 연구를 넘어서 역사 서술의 새로운 형식으로 떠오를 가능성을 어느 정도 인정한다. 극단적 전통파괴 경향은 경계해야겠지만, 이와 같은 다양한 시도는 전통 역사학에 자기성찰의 기회와 함께 새로운 자극을 줄 수 있다는 것이다. 실제로 그는 인과적 설명의 궤도에서 벗어나 새로운 서술형식을 모색한 일련의 연구들에 호의적인 평가를 내린다.[9] 이에 덧붙여 포스트모더니즘이 서사와 문학성을 강조하면서 역사 서술이 일반 독자에게 더 가까이 다가설 수 있는 계기를 마련했다는 점도 주목한다.

그렇지만 해체론적 관점, 특히 그가 '절대적 상대주의total relativism'라고 부르는 경향에 대해서는 아주 비판적인 태도를 보인다. 해체론은 기본적으로 언어의 비지시성에서 출발한다. 그것은 언어를 독자적인 기호체계로 간주하고 그 기호의 의미가 언어 외부의 '실재'보다는 언어 상호간의 관계에 의해 결정된다고 본다. 여기에서 다음의 명제가 성립된다. '실재'는 저기에 있다. 그러나 그 실재는 항상 담론 외부에 존재한다. 사람은 그 실재를 그것에 대한 '담론적 구성물discoursive constructions' 안에서만 인지하고 경험할 수 있을 뿐이다.

이런 경향을 대변하는 이론가들은 모든 언어가 비지시적 성격을 가졌다는 전제 아래, 그것이 실체를 지시하는 경우는 모두가 특정한 사람의 이데올로기의 발현일 뿐이라고 주장한다. 따라서 문서는 신뢰할 만한 대상이 아니고, 문서에서 그 무엇도 찾기 어려우며, 문서 작성자의 의도도 정확하게 인식할 수 없다는 점을 강조한다.[10] 이러한 조류는 역사적 사실의 객관성에 대한 문제제기나 역사적 실재에 접근하는 일의 어려움을 일깨우는 선을 넘어 역사학의 학문적 정체성을 부정하는 데까지 이르게 한다는 것이다.

에번스에 따르면, 아무리 언어의 불완전성을 강조한다고 하더라도 언어와 문법을 순수하고 자의적인 기표들의 집합이라고만 생각할 수 없다. 그것은 현실의 사물들을 가리키려는 시도를 통해 현실 세계와 만난다. 역사 연구나 해석 또한 역사세계를 재구성하려는 노력에 힘입어 과거의 현실세계와 접촉한다. 역사가의 작업에서 과거의 현실세계는 그 배후에 남겨진 문서와 그리고 그 밖의 다른 단편적 자료들을 통해서만 이해되어야 한다. 그러나 이것은 자의적으로 짜 맞춘 담론이 아니라, 그 스스로 현실과의 직접적인 상호작용에 따라 만들어진다. 언어가 완전히 자기반영적인 것만은 아니다.[11]

실제로 역사적 사실에 대한 상대주의적 태도는 전혀 새롭지 않다. 일찍이 카는 '역사적 사실'이 처음부터 객관적 '실재'의 투명한 반영이 아니라는 것, 그것은 역사가가 현재의 문제의식에 의거해 과거의 사실들로부터 그 무엇인가를 선택하는 과정에서 형성된다는 점을 강조했다. 카는 역사적 객관성이 실제로는 사실, 그 사실의 기록, 그리고 기록에 대한 역사가의 해석과정을 거치면서 변화를 겪는다는 점을 인정하고 있다. '사실'과 '역사적 사실'은 다르며, 뒤의 것에는 불가피하게 역사가의 의도와 선택이 깃들어 있다는 것이다. 그럼에도 카는 그런 의도가 현재의 사람들에게 절실한 그 무언가를 반영한다는 점에서 중요한 것이고, 또한 역사가의 현재인식 밖에는 여전히 객관적 '실재'로서의 과거가 있다는 점을 받아들였다. 이것이 현재의 역사가와 과거 사이의 대화를 가능하게 하는 전제였다.

에번스는 절대적 상대주의를 비판하는 과정에서 카의 견해 자체에 의문을 제기한다. 그에 따르면, 카는 '사실'과 '역사적 사실'을 구분하는 오류를 범했다. 실제로 카뿐만 아니라 역사이론가들 대다수가 '사실은 곧 사건'이라는 관점에서 벗어나지 못했다. 이 점이야말로 중대한 실수이다. 에번스는 다음과 같이 지적한다.

내 생각에는, 역사용어에서 사실이 사건이어야 할 필요는 없다. 예컨대, 그것은 특정한 장소에서 이제는 사라진지 오래된 건물일 수 있다. 또는 두 국가의 국경, 정부 각료가 소유한 주식이나 유가증권, 어떤 활동에 대한 법적 금지, 정치인과 창녀의 사통, 전함이나 탱크의 장갑판 두께나 사물들의 어떤 범위일 수도 있다. 이것들이 비록 사건과 연결된다고 하더라도 역시 이들 가운데 어느 것도 '사건'으로 묘사될 수 없다. 사건은 사실이지만, 사실이 모두 사건이 되는 것은 아니다.[12]

'사실'은 역사가의 서술에 관계없이 역사적으로 일어난 어떤 것이다. 역사가들은 과거가 남긴 잔흔을 통해 이를 확인할 수도 또는 그렇지 못할 수도 있다. 그렇다면 동일한 사실에 대해 왜 여러 해석이 뒤따르는가? 그것은 역사가가 '사실'을 특정한 '증거'로 사용할 때에 그에 상응하는 나름의 해석이 도출되기 때문이다. 즉 사실이 증거로 변하는 순간, 특정한 해석이 뒤따르는 셈이다. 따라서 카가 《역사란 무엇인가?》에서 예시한 '노점상의 죽음'은 '역사적 사실' 그룹에 입회원서를 집어넣은 상태가 아니라, 증거로서 채택될 수 있느냐의 문제에 걸려 있다는 것이다. 다시 말해서 역사가는 자신의 해석을 뒷받

침하기 위해 '역사적 사실' 을 '증거' 로 이용한다는 주장이다.

물론 역사가들이 동일한 문서를 동일하게 읽는 것은 아니다. 에번스에 따르면, 역사가가 같은 문서를 가지고서도 제각기 다르게 읽게 되는 까닭은 서로 다른 목적을 위한 증거로 이용하기 때문이다. 이 과정에서 중요한 작용을 하는 것은 역사가의 이론과 입장이다.

> 문서는 다양한 방식으로 읽을 수 있다. 그 모든 방법들은 적어도 이론상으로는 똑같이 타당하다. 더욱이 사료를 읽는 우리의 방식은 주로 우리의 현재의 관심사에서, 그리고 현재의 이론과 개념들을 통해 구성하게 되는 질문들에서 비롯한다.[13]

문서를 증거로 활용할 때, 역사가는 자신의 이론과 입장에 의거하면서도 그 과정에서 항상 엄격한 사료비판을 거치지 않으면 안된다. 이것이 객관성으로 들어서는 필수 경로인 셈이다. 에번스는 역사 서술에서 객관성에 도달하는 것이 힘든 과정이지만, 이 학문 분야에서 그 동안 발전해 온 탐구 방법과 절차를 적절하게 따름으로써 객관적 방향으로 나아갈 수 있다고 본다. 그는 객관적 과거에 이르는 탐구의 여정을 조각 맞추기에 비유한다.

> 역사를 연구하는 것은 그림조각 맞추기와 마찬가지이다. 이 놀이에서 조각들은 집 밖의 여러 상자에 흩어져 있고 그 가운데 어떤 것은 유실되었다. 일단 함께 모아도 조각들의 상당수는 여전히 잃어버린 상태이다. 그 결과 그림의 본질은 부분적으로는 그림조각들이 들어 있는 상자들이 얼마나 많

이 남아 있는가와, 그리고 흔적을 더듬어 찾아낼 수 있는가에 달려 있다. 그러나 그림의 외관은 모든 조각이 제자리에 있지 않은 경우에도 채워 넣을 수 있다. 우리는 이러한 상황에서 그 외관을 '상상' 하며 아주 상세한 것들에 관해서도 성찰해야 한다. 그렇지만 이와 함께 기존의 조각들의 발견이 우리의 상상력을 발휘하는 데에 꽤나 심각한 제약을 가한다.[14]

이런 점에서 보면, 개관적 진실에 대한 에번스의 견해는 오히려 매우 전통적인 부류에 해당한다. 사실 에번스는 이 책의 곳곳에서 전통 역사학의 전형이라고 할 수 있는 엘튼의 견해를 신랄하게 비판한다. 이를테면 엘튼이 신봉한 것, 즉 역사가는 현재의 신념이나 개념으로부터 자유롭게 문서에 접근할 수 있다는 견해를 부인하고, 나아가 그가 협소한 정치사의 영역과 경험주의의 외피에 안주했다고 깎아내린다. 그럼에도 사료 기록의 정확한 접근을 통해 객관적 진실에 이를 수 있는 가능성을 믿는다는 점에서 카보다는 아무래도 엘튼의 태도에 더 가까운 것처럼 보인다.[15]

결국 포스트모더니즘을 바라보는 에번스의 입장은 '비판적 선택' 이라는 표현이 적절하다. 그는 객관성에 대한 회의 분위기는 철저하게 배격하면서도, 포스트모더니즘의 다양한 실험이 기존 역사 서술과 다른 새로운 서술형식을 만들어나감으로써 역사학에 활력을 불어넣을 수 있다고 생각한다. 달리 말하면 그는 역사학의 정체성을 고수하려는 의도에서 상대주의를 적극 비판하면서도, 포스트모더니즘의 새로운 표현형식들에서 '과학적 역사학' 의 위기를 넘어설 수 있는 가능성을 찾는다. 이를 위해 에번스는 무엇보다도 문학성의 회복을 주장하며, 진실에 가까이 다가서려는 역사가의 '장인적' 태도를 강조한다. 이런 점에서 그는 역사학을 연구(과학), 상상(해석), 문학(표현)의 복합작업으로 보았던 조지 트리벨리언George M. Trevelyan의 학문관을 되살렸다고도 할 수 있다. 트리벨리언의 '현대판 버전'이라는 표현이 적절할 것 같다.[16]

'변론' 이후의 논쟁

에번스의 책은, 그가 어떤 편향적 태도를 가지고 있는가의 문제를 떠나서, 우선 1980~90년대에 포스트모더니즘 이론을 둘러싸고 산발적으로 이루어진 논의를 간결하면서도 정확하게 정리해 소개했다는 점이 두드러진다. 특이한 것은 그의 책이 객관적 실재를 향한 접근 가능성을 강조하고 있음에도 포스트모던 이론가들은 물론, 실증적인 역사가들에게서도 적지 않은 비판을 받았다는 사실이다. 이것은 그의 절충주의가 한편으로는 상당수 역사가들의 공감을 얻었으면서도, 다른 한편으로는 양쪽에서 그에 못지 않은 불만을 불러일으켰음을 알려준다.

우선 《변론》에 대한 가장 일반적인 비판은, 그것이 실제로는 '역사'를 위한 변론이 아니라 전문 역사가에 대한 옹호론에 지나지 않는다는 지적이다. 비평가들은 영미 독서계에서 대중적 역사 서술이 이전보다 더 광범한 독자층을 확보하고 있다는 점을 들면서 독자에게 외면당한 아카데믹 서클 내부의 위기의식이 포스트모더니즘에 대한 신경질적인 비판 형태로 자연스럽게 표출되었다고 주장한다. 따라서 에번스의 저술은 "대학 바깥에서 자신의 [역사 연구] 기예를 실천하는 사람들에게 어떤 신뢰감도 심어줄 수 없다." 그의 책은 오직 직업으로서 전문 역사학을 위한 변론에 지나지 않으며, 비유한다면 대문자 H로 쓰는 '역사학History'을 위한 것이다. 그것은 "전문 역사학이 우위를 점하던 황금시대의 마지막 절창"인 셈이었다.[17]

에번스는 이러한 비판을 솔직하게 인정한다. 그가 보기에, 대학의 전문 역사가는 매스미디어를 통한 대중적 역사물의 재현에서 비롯되는 새로운 도전에 직면해 있다. 이 대중 역사물은 포스트모던 경향과 함께 일반 사람들에게 그릇된 역사 인식을 심어줄 위험이 있다. 투키디데스Thukydides 또한 그의 전쟁사 서문에서 시인들이 실제 일어난 것을 공상적으로 잘못 설명한다고 불평하지 않았던가. 에번스는 역사학의 학문적 규범을 옹호하고 나아가 그것을 파괴하는 사람들을 공격하려는 속마음을 내비친다.

> 이 책은 우리가 진실이나 객관성과 같은 것들을 어떻게 규정하며 달성하는가의 문제, 그리고 무엇이건 우리가 실천중인 형식의 역사 서술에 초점을 맞춘다.[18]

다음으로, 에번스는 전통 역사가들에게 적대적이라는 비판을 받았다. 그가 무엇보다도 역사적 사실의 객관성에 대한 믿음을 강조한다는 점은 앞에서도 지적한 바 있다. 전통적인 역사가들과 가까운 거리에 서 있음에도 이와 같은 비판을 받은 까닭은 무엇인가? 에번스는 주로 전통적인 정치사가들을 편파적으로 낮게 취급하고 있다는 것이다.[19] 사실 그는 극단적 상대주의를 표방한 포스트모던 이론가들의 지적 오만함을 질책하지만,[20] 정작 보수적인 역사가들을 대할 때에는 그 자신이야말로 오만한 모습을 보여준다. 전문 역사가로서 자긍심과 오만함은 마치 엘튼의 모습을 연상시키는데, 이것은 그가 연구주제 선정에서 좌파적 성향을 지녔으면서도, 직접 문서와 문서고文書庫 주위를 서성이는 전형적인 실증 역사가였기 때문에 더욱 그러하다.

이와 아울러 사회사가로서의 학문적 경험 또한 영향을 주었을 것이다. 사실 1960년대 이래 사회사가 개화하면서, 이 분야 연구자들은 정치사 중심의 전통 역사 서술을 경시하는 풍조가 있었다. 물론 에번스 자신도 사회사가들이 과거의 전체상을 재구성할 수 있다는 환상에 빠져 있었음을 스스로 인정하면서, 그러한 사회사의 꿈은 이제는 사실상 실현 불가능한 몽상임이 밝혀졌다고 말한다. 그래도 지난 1970년대에 사회사가들이 정치사의 견고한 아성에 도전할 때 지녔음직한 경멸적 태도는 그의 정치사에 관한 서술 곳곳에서 찾을 수 있다.

한편, 포스트모던 이론가나 이러한 경향에 호의적인 역사가들은 에번스의 포스트모더니즘 이해방식과 객관성에 대한 그의 견해 등에 다투어 문제를 제기했다. 역사 연구소의 '웹진'에도 앤서니 이스트호프, 다이앤 퍼키스Diane Purkiss, 앨런 먼슬로Alun Munslow와 같은 연구자들이 비평을 올렸다.[21] 이들의 문제제기는 대체로 다음과 같이 요약할 수 있다.

우선 에번스는 포스트모더니즘에 대한 정확한 이해가 부족하다. 이 사조의 핵심은 일반적으로 역사가가 언어의 베일을 뚫고 들어가 역사적 실재에 이를 수 없다고 보는 견해로 요약된다. 즉 역사가는 진실이 아니라 오직 레토릭rhetoric만 기술할 뿐이다. 포스트모더니즘은 근본적으로 근대성 자체에 대한 공격이다. 그러나 에번스는 이러한 전체적인 맥락을 중시하지 않았다는 것이다. 이 같은 모호함은 그가 기본적으로 자크 데리다Jacques Derrida를 비롯한 주요 이론가들의 저술을 직접 읽은 경험이 없기 때문이다. 그는 고작해야 이들의 견해를 발췌 요약한 2차 문헌을 참조해 포스트모더니즘을 자의적으로 재단한 후에 공격하고 있다.

이스트호프는 특히 에번스가 포스트모던 이론가들의 원전에 대한 이해력을 갖추지 못했다는 점을 여러 가지 예증을 들어 지적한다. 결국 에번스는 "포스트모더니즘에 대해 잘 알지 못하고 단지 그것을 자신이 싫어한다는 점을 잘 알 뿐"이다. 그는 "학문적 겸손으로의 복귀"를 주장하면서도 그 자신의 서술에서는 2차 문헌을 통한 단편적인 지식을 구사하는 선에서 멈춘다. 그러면서도 데리다와 푸코와 화이트를 자신의 의도대로 재단하고 비판한다는 것이다.[22] 더욱 심각한 것은 그가 다양한 스펙트럼을 보여주는 포스트모던 이론 가운데 가장 극단적인 견해만을 표적으로 삼아 공격하고서 그것을 포스트모더니즘 일반에 대한 비판으로 간주한다는 점이다.[23]

다음으로, 에번스는 객관성에 대한 낡은 경험주의적 개념에만 집착함으로써 처음부터 포스모더니즘에 적대적인 태도로 일관할 수밖에 없었다는 비판이 일었다. 예컨대 이스트호프는 에번스 자신의 독창성을 인정하지 않고 그 모든 것이 영국 경험주의 전통의 산물이라는 점을 내세운다.[24] 에번스의 이 같은 태도는 결국 그가 부르주아적 세계관을 통해 과거를 재구성하는 작업에만 매달려 왔음을 보여준다. 결

A Monsieur

국 그는 자신의 학문적 실천 자체만을 옹호하는 셈이다. 자신이 이상적인 사례라고 생각하는 형식만을 내세우기에 급급하다. 키스 젠킨스 Keith Jenkins는 《변론》이 "급진적이고 진보적이며 해방지향적인 포스트모던 이론에 대한 보수적이고 편협하며 고루한 부르주아적 공격"이라고 단정하면서 에번스의 작업을 이렇게 조롱한다.

> 만일 리처드 에번스에게 '정통적인proper' 역사가 무엇이냐고 묻는다면 그는 거침없이 그 자신이 하는 역사가 바로 그것이라고 대답할 터이다. 그것은 그가 실행하는 직종일 뿐이다. 에번스에게 정통 역사가 무엇인가를 묻는 일은 그에게 그의 직종을 묘사해 달라고 하는 것에 지나지 않는다.[25]

에번스는 '웹진' 에 올린 반론에서 이들의 문제제기에 조목조목 응답한다. 그는 '절대적 상대주의' 에 초점을 맞추고 비판하는 자신의 전략을 시인한다. 이러한 전략을 쓴 것은 이 이론이 특히 역사학의 정당성을 훼손하고 있다고 생각했기 때문이다. 그는 그런 훼손으로부터 역사학을 옹호할 필요성을 느꼈다는 것이다.[26] 그는 중요한 포스트모던 이론가들을 깊이 있게 다루지 못했다는 비판에 대해서도 어느 정도 인정한다. 그러나 데리다, 푸코, 가다머, 리요따르 등을 깊이 다루기를 요구하는 것은 또 다른 저술을 요구하는 것과 마찬가지이다. 그는 현대 프랑스 철학을 말하려는 것이 아니라 어디까지나 그 철학이 역사 연구에 미친 영향을 주로 검토하는 데 초점을 맞추었을 뿐이다.[27]

에번스는 자신을 낡은 경험주의에 집착하는 랑케주의의 아류로 보는 견해에 대해서는 강하게 반발한다. 이러한 주장은 《변론》을 잘못 읽은 데서 비롯했다는 것이다. 물론 그는 이 책 1장에서 랑케의 사료 비판 방법을 충실히 소개한다. 그것은 이 방법이 문서고의 문서를 분석할 때 아직도 여전히 유효한 학문적 프로토콜이기 때문이다. 그러면서도 자신은 과거가 그 자체의 맥락에서 재구성될 수 있다는 랑케적 가정을 충분히 비판했다는 것이다.[28] 부르주아적 세계관을 재현했을 뿐이라는 지적에 대해서도, 지금까지 그의 사회사 연구가 부르주아 세계를 합리화하기보다는 그 세계의 질곡과 비극, 폭력, 착취, 잔혹성, 죽음, 불평등의 주제를 주로 다루어왔음을 강조한다.[29]

포스트모던 이론가들의 비판과 에번스의 반론을 검토하면, 양측의 주장이 전반적으로 평행선을 달리는 듯한 인상을 받는다. 사실 포스트모더니즘의 수용 여부는 논리 이전에 신념의 문제이다. 다만 에번스는 역사적 진실과 객관성에 대해 《변론》에서 표명한 것보다는 좀더 유연한 견해를 밝히고 있다. 그에 따르면, 객관적 역사란 "역사적 사실과 그 사실을 드러낸 사료가 낳은 역사적 상상력에 토대를 두고, 또한 연구중인 주제를 진실하고 공정하며 적절하게 설명하려는 역사가의 욕구의 제약을 받는, 그런 한계 아래서 연구하고 씌어진 역사"이다. 결국 《변론》에서 자신만만하게 객관적 진실을 언급하던 것과는 달리, 반론에서는 객관성을 하나의 가치지향적인 의미를, 그리고 그 객관성에 도달하려는 역사가들의 의지를 포함하는 개념으로 인식하고 있는 것이다.[30]

비판적 검토

《변론》과 이를 둘러싼 그 이후의 논쟁을 어떻게 평가해야 할 것인가? 역사의 본질이나 연구방법에 대한 에번스의 견해는 적지 않은 문제점을 내보인다. 우선 그는 객관적 진실에 너무 확고한 믿음을 가지고 있는데, 사실상 '랑케주의'로 회귀하지 않았는가 여겨질 정도이다. 이에 비하면, 역사적 사실과 주관적인 현재주의를 절충함으로써 객관성의 문제를 풀어나가려고 한 카의 태도가 훨씬 더 진일보한 것이라는 인상을 준다.

이러한 인상은 사료와 문서에 대한 에번스의 태도에서 비롯한다. 그는 카가 사례로 든 스탤리브리지 노점상의 죽음에 관해서, 문서고의 당시 기록을 뒤져 그와 비슷한 사건을 다루었거나 또는 군중의 폭력을 시사하는 다른 사료가 없음을 확인한다.[31] 따라서 노점상의 죽음은 군중폭력의 증거로 채택될 수 없다는 것이다. 그러나 과연 이렇게 단정할 수 있을까. 우리가 확인할 수 있는 문서는 그 당시 기록 가운데 일부에 지나지 않는다. 일부 잔존한 기록을 검토한 것만으로 객관성의 문제를 해결했다고 자신할 수 없다.

문서작업과 관련해서 에번스가 사실과 증거를 구분한 것 또한 추상적 차원에서는 가능하겠지만, 실제 연구과정에서는 명확하게 나눌 수 없다. 우리는 문서고의 사료를 처음부터 선택적으로 찾아 증거로 제시하려 한다. 사실을 찾은 다음에 증거로 변환시키는 것이 아니라 사실과 증거를 동시에 찾고 추구한다. 다시 말하면, 역사가는 문서를 훑는 과정에서 사실을 찾지만, 그와 동시에 자신의 연구에서 좀더 분명하게 형상화되는 서사적 흐름의 방향타나 길잡이로서의 증거를 찾는 것이다. 에번스의 랑케주의적 태도는 에이브러햄 사건[32]을 소개할 때 더 두드러지게 나타난다. 그는 에이브러햄의 문서 조작과 왜곡을 개탄하면서, 증거로 이용할 수 있는 사료가 제아무리 풍부하다고 하더라도 그와 어긋나는 다른 문서를 발견했을 때에는 자신의 주장을 곧바로 재검토해야 한다고 주장한다.

> 진지한 역사 연구자가 가져야 할 첫 번째 필수요건은 증거가 맞지 않을 때에 자신이 견지해 온 해석을 버릴 줄 아는 능력임에 틀림 없다. 어느 기업가가 편지에서 자신은 부르주아의 권리와 나치의 권한 강화를 원하지 않는다면, 어떤 이론작업도 그 사실을 바꾸지 못할 것이며, 그것을 우회할 방법은 없는 것이다. ……역사가들은 증거에서 개념들을 검토하고 그것이 맞지 않을 경우에 내버리는 일에 익숙하다. 주장에 어긋나는 증거는 생략하거나 왜곡할 수 없으며, 그 주장을 수정하거나 폐기하는 대가를 치르더라도 그것을 설명해야 한다.[33]

그러나 실증적인 연구과정에서 이러한 원칙이 일반적으로 존중되는 것은 아니다. 또 계량적 연구에서 A 추세를 나타내는 사례가 30퍼센트, B 추세를 나타내는 경우가 70퍼센트일 때에 역사가는 뒤의 추세에 주로 관심을 기울이고 그 까닭을 설명하거나 또는 인과관계를 밝히려 노력한다. 역사학에서 동일한 주제를 사이에 두고도 논쟁이 끊이지 않는 것은 바로 사료와 문서를 검토하는 작업의 한계에서 주로 비롯된 것이리라.

물론 객관성은 역사가가 쉽게 포기할 수 없는 그 무엇이다. 역사학

LIVRE
DE
L'HISTOIRE

의 정체성에 관련된 것이기 때문이다. 그렇다고 해서 절대적 객관성
을 주장할 수는 없다. 역사가에게 객관성이란 기껏해야 절차의 객관
성 수준을 넘어서지 못한다. 과거를 불러내기 위해 그가 시도한 여러
절차가 어느 정도 투명하고 적절하며 객관적이어야 한다는 말이다.
에번스도 초기의 확고한 믿음에서 한 걸음 물러나 '웹진'의 반론에서
는 이런 수준의 객관성을 강조하기도 한다. 그러나 이마저 완벽하게
가능한 것인지는 의문이다. 솔직히 말하면, 우리는 사료에 접근할 때
처음부터 선택적이며, 사료의 내적·외적 연관성을 완벽하게 따질 여
유가 없다. 이런 점에서 절차와 방법의 객관성 또한 한계가 있다. 그
러나 역사가가 자신의 작업에서 과거에 대한 '열망의 정신'을 가지는
한, 그래도 절차의 객관성을 위해 꾸준히 노력할 것임을 믿는다. 우리
는 이런 정도의 선에서 객관적이라는 말을 써야 한다.

다음으로, 에번스는 해체론에서 두드러지게 나타나는 탈중심화 경
향에 깊은 관심을 기울이지 않는다. 사실 다문화주의와 같은 새로운
움직임은 무엇보다도 이러한 경향과 밀접하게 관련된다. 해체론은
객관적 실재를 부정함과 동시에 그 실재의 이면에 은폐된 '구조'가
실재를 설명하는 데에 가장 중요한 요소라고 보는 환원론을 비판한
다. 그 동안 근대적 사유와 학문은 여러 가지 중심 개념을 상정해 왔
다. 어떤 지식의 확실성은 그것이 기초를 둔 중심 개념을 통해서 드
러난다. 예컨대 사회사에서 역사적 현상은 '사회적인 것the social'을
통해서, 그리고 그 사회는 특히 '계급'이나 '신분'과 같은 중심 개념
을 통해서 설명할 수 있다는 것이다. 중심의 해체야말로 사회사가 계
급에서 다양한 정체성으로, 그리고 사회 중심의 '단단한 것'에서 문

화를 비롯한 '부드러운 것'으로 관심을 바꾸는 데 커다란 영향을 주었던 것이다.[34]

한편, 에번스는 극단적 상대주의의 '자기모순self-contradiction'을 폭로함으로써 포스트모던 이론가들을 반박하는 수법을 활용한다. 가령 모든 것이 상대적이라면, 극단적 상대주의 이론 또한 그 전제에서 벗어날 수 없지 않은가. 젠킨스를 비롯한 이론가들은 모든 이론의 상대성과 이데올로기성을 주장한다. 그렇다면 이런 내용을 포함하는 그 자신의 이론 또한 상대적일 수밖에 없다는 것이다. 또 포스트모던 이론가들은 문서의 언어가 끊임없이 움직이고 다의적이기 때문에 그 문서를 읽는 사람이 원래의 정확한 의미에 접근하는 것이 불가능하다고 본다. 에번스는 이스트호프나 젠킨스가 자신의 책을 정확하게 이해하고서 비판하는 것인가를 되묻는다. 이것은 마치 변증법을 변증법으로 논박하는 것에 비유할 수 있다. 변증법을 인정한다면, 변증법 이론도 변증법적 변화과정에서 벗어날 수 없다는 이야기이다. 에번스는 이러한 논법이 그 자신의 독창적 비판이라고 서슴없이 내세우지만, 아무래도 그것은 언어의 놀이 또는 비판을 위한 비판이라는 느낌을 지울 수 없다.

한 예를 들어보자. 에번스는 이스트호프의 다음과 같은 비판을 인용한다.

비록 겉표지에 그 책의 이름이 있다고 하더라도 에번스는 '역사학을 위한 변론'을 쓰지 않았다. 오히려 영국 경험주의적 전통의 지배적 패러다임이 그를 통해서 그 책을 쓴 것이다. 그는 페이지 위에서 그 자신을 통한 투사

passage에 끼어드는 비판적인 시도를 전혀 하지 않았기 때문이다. 그런 무비판적 자세로는 그 책을 둔감하고 홉스주의적인, 그 공격적인 어투를 탈색할 수 없다.” 이것을 패러디하면 다음과 같이 될 것이다. “비록 그의 이름이 제목 옆에 있더라도 이스트호프는 ‘역사학을 위한 변론’ 의 서평을 쓰지 않았다? 오히려 영국 문화연구 산업의 지배적 패러다임이 그를 통해 논평한 것이다. 그는 그 페이지에서 그를 통한 투사에 끼어들려는 어떤 비판적인 노력도 기울이지 않았기 때문이다. 그런 무비판적인 자세로는 거드름 피우며 심각한 표정을 짓는, 자기를 우월하다고 여기며 과학적인 체하는 어투를 탈색할 수 없다.[35]

에번스가 공격하는 포스트모던적 경향도 따지고 보면, 역사 지식과 역사적 사고가 사람들의 삶에 중요한데도 전문 역사학이 대중에게서 유리되고 역사의 본래 힘을 상실한 데 따른 반작용으로 나타났다고 할 수 있다. 포스트모더니즘을 공격하기에 앞서서 역사가 우리에게 왜 중요한가, 역사학은 어디에 그 존립근거를 세우고 있는가라는 문제, 역사가들이 당연하게 생각해 온 문제를 다시 한번 되짚어보아야 한다.

원래 역사 서술은 문학과 마찬가지로 그 자신의 고유한 전문언어를 만들지 않고 일반언어를 사용했다. 아리스토텔레스가 시와 산문을 언급했을 때 산문은 주로 역사를 가리키는 것이었다. 역사는 오랫동안 수사적 전통 아래서 씌어졌으며, 18세기까지만 하더라도 문학 독자와 역사 서술의 독자는 겹쳐 있었다. 그러나 유감스럽게도 전문 역사 서술은 이와 같은 고전적 전통을 잃었다. 일반 사람들에게 읽히지 않을 뿐만 아니라, 처음부터 그들을 겨냥하지도 않는다. 그것은 동료 역사가마저 읽기 힘들다.

에번스도 이러한 경향을 유감스러운 어조를 비판한다. 그가 느낀 전문 역사학의 위기는 포스트모던 이론가들에게도 마찬가지로 다가왔을 것이다. 중요한 것은 이 새로운 시대에 역사학과 역사 서술의 활로를 어디에서 찾아야 하는가라는 문제이다.

계몽의 수사학을 넘어서

18세기 이래 근대적 학문으로서 역사학은 '계몽의 수사학'이었다. 과거를 순수하게 재현한다는 그 구호의 배후에 계몽적 정신이 깃들어 있었다. 즉 국가주의, 자유주의, 인간해방, 또는 단순한 교훈, 그 무엇이든 계몽적 정신의 발현이라는 특징을 지녀온 것이다. 여기에서 진실은 매우 중요하다. 왜냐하면 그 진실에 접근함으로써, 그것을 통해 계몽적 의도를 정당화할 수 있기 때문이다. 진실에 이르는 과정과 역사학의 학문적 방법 및 절차야말로 전형적인 이항대립의 과정이다. 옳은 것과 그른 것을 나누고, 수많은 사료와 문서에 대해서도 적합한 것과 적합하지 않은 것을 구분하며, 그 적합한 것(실은 의도에 맞는 것)들의 연쇄와 상호관련성을 통해 진실에 이르는 작업을 계속한다. 포스트모더니즘의 비판은 바로 여기에서 시작된다. 역사학은 처음부터 자의적인 기준에 따라 진실한 것을 설정하고서 그것을 합리화하는 역할을 수행해 왔다는 것이다. 포스트모던 이론가들은 역사가들에게 이제 그 '계몽의 수사학'이라는 가면을 벗어 던질 것을 요구한다. 전문 역사가들이 이러한 비판에 방어적인 태도를 갖는 것은 충분히 이해할 수 있다.

자, 에번스의 저술과 그 이후의 논쟁에서 어떤 의의를 찾을 수 있겠는가. 몇 가지 문제점에도 불구하고, 포스트모더니즘의 다양한 논의를 간명하게 정리한 에번스의 노력은 높이 평가받을 만하다. 문학성을 강조하면서 역사 서술의 새로운 형식을 대망하는 태도 또한 전문 역사학이 전통적인 독자층을 잃어버린 이 시대에 시의적절하다고 생각한다.

실제로 이 시대에 전문 역사가들이 고민하고 새롭게 시도해야 할 것은 역사 서술의 형식과 방법이다. 논리적 서술로 일관하는 역사 논문까지도 역사에 호기심을 가진 사람이라면 누구나 부담 없이 과거로의 여행을 떠날 수 있도록 평이한 일반언어로 씌어져야 한다.[36] 더 나아가서 영상과 이미지 시대에 문자 텍스트와 문학성을 넘어서 역사 서술의 새로운 형식을 실험해야 할 필요성 또한 높아지고 있다. 물론 역사 서술이 이미지와 영상을 받아들이고 답습하는 데에는 아무래도 한계가 있을지 모른다. 그렇다면 이야기꾼의 역할은 어떤가. 이야기하기와 방담과 구연을 통한 과거의 형상화도 이 시대에 새로운 형식으로 자리잡을 수 있지 않을까. 온라인상에서 이미지와 영상과 문자를 혼용하면서도 쌍방향 의사소통이 가능한 새로운 서술형식을 시도할 수는 없을까.

극단적 상대주의가 역사학의 정체성을 무너뜨릴 위험이 있다는 에번스의 지적 또한 타당하다. 물론 객관적 진실에 대한 맹목적인 믿음은 곤란하지만, 적어도 절차의 객관성을 지향하는 것은 역사가의 덕

목 이전에 의무이며, 이를 지탱하는 것은 과거를 진실에 가깝게 바라
보려는 역사가 자신의 '열망의 정신'이다. 역사학의 정체성은 바로
이러한 태도와 직결되어 있다. 그러나 다른 한편, 해체론적 사유는 그
것을 어떻게 평가하느냐에 따라 오히려 역사가에게 도움을 줄 수도
있다. 그것은 객관적 진실의 부정보다는, 객관적 진실에 그만큼 도달
하기 어렵다는 점을 일깨운다. 역사가는 이 점을 절감할수록 과거에
대해 스스로 겸허하지 않을 수 없다. 에번스는 책의 말미에 객관성에
대한 믿음을 다시 설파하면서 '초연함'을 강조했지만, 나는 그 대신
에 역사가의 '숙연함'을 말하고 싶다.

지금 현재 살아 있는 인간으로서 역사가는 언제나 시간의 희생자이
자 그 수인에 지나지 않는다. 그러면서도 과거에 대한 탐구자로서 그
는 시간의 동반자일 수 있다. 포스트모더니즘의 도전에도 불구하고
과거는 여전히 역사가에게 열려 있고, 그의 방문을 환영하는 것이다.

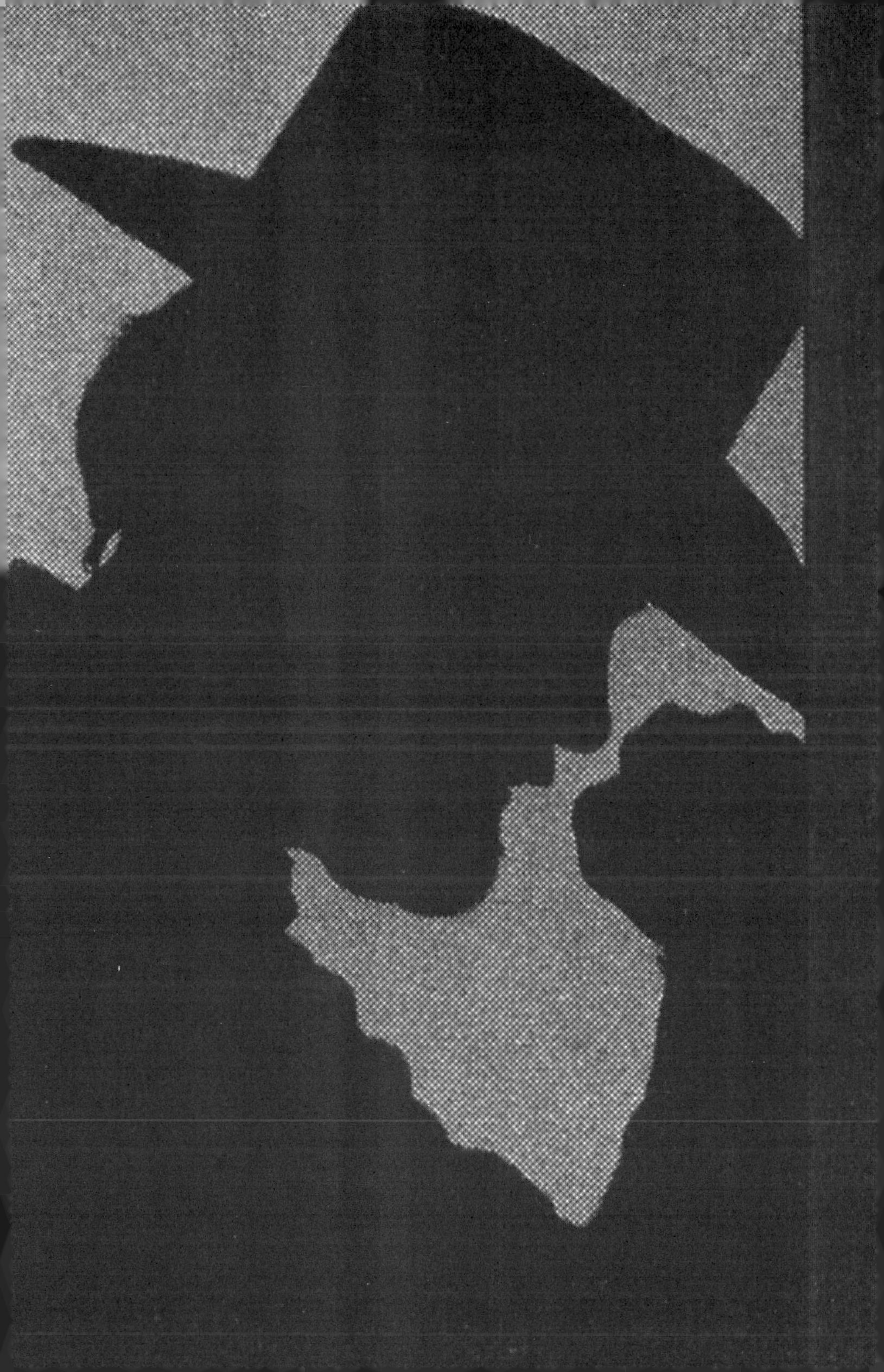

인터넷과 사이버공간의 확산은 바로

추세에 대응하고 또 적응할 수 있는가?

가의
의

타내는
는어떻게
떻게

수가 없다.
을 없다.
우고 있다
희있한
1한

디지털 시대의 역사학, 긴장과 적응의 이중주

디지털 혁명의 이중성

신자유주의 바람이 대학에 밀려오면서 역사학을 비롯한 인문학은 학생들의 관심에서 점차 멀어지고 있다. 이러한 현상은 그동안 역사 연구와 교육을 맡아온 전문 역사가들의 책임이기도 하지만, 다른 한 편으로는 모든 학문을 실용성이라는 척도로 평가하려는 이 사회의 분위기 아래서 불가피한 것인지도 모른다. 실용성을 중시하는 사회 분위기는 특히 '정보화'의 물결과 맞물려 증폭되는 것 같다.

사실 '정보화'라는 말은 그 구체적인 의미가 모호함에도 오늘날의 사회 분위기를 대변하는 구호가 되었다. 여기에서는 정보화의 여러 추세 가운데 특히 컴퓨터 네트워크를 이용한 인터넷 혁명과 그 충격에 주로 관심을 기울인다. 인터넷은 문자언어에 토대를 두고 과거를 연구해 온 전문 역사가들에게 새로운 변신을 강요한다. 최근의 정보화 추세에 스스로 적응하지 않는다면 역사학은 '사멸의 종種'이 될 수밖에 없다는 경고를 끊임없이 보내고 있는 것이다.

정보화를 예찬하는 사람들은 전 지구에 걸친 커뮤니케이션 연결망, 인터넷을 통한 정보의 공유와 확산, 의사소통의 쌍방향성, 시공간의 제약에서 해방 등을 강조하면서 인터넷이 가져올 미래의 유토피아를 제시한다. 그들에 따르면, 인터넷은 사람들 사이의 수직적인 명령체계를 수평적인 쌍방향 체계로 바꾼다. 인터넷에서는 더 이상 권력의 중심이 존재하지 않는다. 이제 모든 개인은 자유로운 주체이다. 거미가 자신의 방식대로 그물망을 짜듯이 사람은 자신의 자유의지에 따라 인터넷 연결망에서 그만의 세계를 만들 수 있다. 이것이야말로 진정한 해방의 계기라는 주장이다.

그러나 오늘날 인터넷의 세계는 이러한 유토피아의 징후보다는 상업 사이트와 전자상거래의 주무대로 변질하고 있다. 인터넷 유토피아를 꿈꾸는 사람들은 현재 인터넷 사이트의 80퍼센트 이상이 무익한 쓰레기더미로 가득 차있다는 사실을 외면한다. 인터넷을 맹신하는 분위기를 우려하는 사람들은 사이버 공간에 집착하면 실재와 허구를 혼동할 수 있다는 점을 경고한다. 더욱이 인터넷은 일종의 뉴미디어로서 이미지 · 영상 · 문자 · 소리 등을 통합하기 때문에 사실상 문자언어를 밀어낸다고 비판한다. 끊임없이 유동하고 변환하는 하이퍼텍스트에서는 문자언어 자체도 속도감을 보여주지 않으면 안 된다. 여기에서 성찰과 깊은 사유는 사라진다. 경박하고 찰나적인 언어만이 인터넷을 가득 채운다. 문장형식도 과거형 대신에 현재형이, 복문이나 중문보다는 단문이 주류를 이룬다.

전문 역사가들은 이러한 현상에 우려를 나타낸다. 인터넷 사이트를 통해 이전보다 훨씬 더 다양하고 풍부한 학술정보에 접근할 수 있는 길이 열렸지만, 인터넷이 궁극적으로 문자언어와 역사 서술을 밀어내고 역사적 사유를 가로막을지도 모른다는 의구심을 지니고 있다. 특히 사이버 공간에서 실재와 허구의 혼동은 객관적 진실을 추구하는 역사 서술에 대한 중대한 도전이라고 생각한다. 사실 특정한 기술혁신은 그 예찬론자들에 의해 밝은 면만 강조되는 경향이 있다. 혁신은 그 자체의 편리함과 장점 못지않게 문제점과 어두운 면을 지니고 있는 법이다. 기술혁신은 그것을 어떻게 사용하느냐에 따라 선악이 결정되는 가치 중립적인 것이 아니라 원래부터 오용과 남용의 위험을 안고 있음을 역사는 보여준다. 기술혁신의 명암을 둘러싸고 긴장을 유발하는 증후군은 역사에서 좀처럼 사라지지 않는다.

그럼에도 디지털을 중심으로 하는 정보화는 피할 수 없는 추세이다. 전문 역사가들은 학술 연구와 교육에 인터넷을 활용하지 않으면 안 될 상황에 이르렀다. 나는 인터넷 혁명이 결코 가치 중립적이지 않다는 전제를 가지면서도, 그 추세가 이 시대의 조건이라는 현실인식을 강조하고 싶다. 한국사와는 달리 서양사 분야는 영미권에서 구축된 광범한 인터넷 학술정보 사이트를 쉽게 이용하는 길이 열려 있다. 우선 이들 사이트를 연구와 교육에 활용하는 것이 무엇보다도 중요하다. 그러나 다른 한편으로는 한국의 서양사 연구자들에게 적절한 인터넷 사이트를 어떻게 만들 것인지 그 가능성을 타진할 필요가 있다.

인터넷, 영상언어, 하이퍼텍스트

오늘날 정보통신 혁명은 주로 디지털 방식의 정보처리 기술에 바탕을 두고 있다. 이것은 정보를 on과 off 또는 0과 1의 2분법으로 처리하는 방식을 가리킨다. 컴퓨터 관련 용어에서 흔히 볼 수 있는 비트 bit(binary digit의 약어)라는 말은 2진법을 이루는 수 0과 1을 가리키며 디지털 방식에서 정보의 최소 단위라고 할 수 있다. 정보를 디지털로 바꾼다는 것은 그 자유로운 가공과 논리적 활용이 가능함을 뜻한다. 디지털로 변환된 정보는 종래의 아날로그 방식에 비해서 원형 그대로 보존하기가 쉽고 저장용량이 증대되며 이와 아울러 입출력이 자유롭다. 디지털 방식은 문자·이미지·영상·소리 등 여러 유형의 정보를 통일된 기호로 표현함으로써 이들을 통합할 수 있다. 오늘날에는 컴퓨터뿐만 아니라 통신 분야도 종합정보통신망ISDN이나 초고속통신망ADSL을 통해 이 방식으로 정보를 송신함으로써 이른바 멀티미디어의 시대를 열게 되었다.[1]

인터넷은 원래 미 국방성 프로젝트 가운데 하나로 추진된 것이다. 1980년대에 그 연결망의 표준 규칙TCP/IP이 제정됨으로써 주요 대학 사이에 컴퓨터 네트워크를 구축構築해 디지털 형식의 정보를 송수신

할 수 있었다. 인터넷의 대중화는 1993년 이후 급속하게 이루어졌다. 이 시기에 월드와이드웹World Wide Web[2]을 통해 텍스트·음성·동영상·그래픽 등 각종 정보를 전송하는 것이 가능해졌고, 이와 함께 웹 브라우저(모자이크, 후일 네스케이프)를 개발해 인터넷을 자유롭게 항해하면서 이들 정보에 접근할 수 있게 되었기 때문이다.

마셜 맥루한Marshall McLuhan에 따르면, 미디어란 사람의 신체 또는 감각기관의 기능을 확장한 것이다. 자동차는 다리를, 책은 눈을, 그리고 전자회로는 중추신경계통을 확장한 것이다. 이런 점에서 인터넷이야말로 지금까지 등장한 미디어 가운데 가장 복합적인 것이다. 그것은 사람의 모든 감각기관과 신체 기능을 확장한 통합된 매체이다.[3]

인터넷 대중화의 역사는 짧지만, 그 영향은 날이 갈수록 증폭되고 있다. 그것이 앞으로 우리의 삶에 어떤 변화를 초래할지 아직은 알 수 없다. 다만 그 충격은 지금까지 우리가 경험한 기술혁신 가운데서도 가장 강력할 것이라는 예측만 가능할 뿐이다. 20세기 초에 자동차가 나타났을 때 그것이 우리의 생활에 어떤 변화를 가져다줄 것인가를 전망한 사람은 없었다. 자동차의 출현은 사람들의 일상생활 패턴, 주거생활, 노동과 여가 등 모든 영역에 영향을 주었다. 인터넷은 우선 디지털 정보라는 원래의 목적을 넘어서, 사람들의 의사소통 및 상호작용 행위(예컨대 토론, 회의, 정보수집, 통신, 문제 분석 등)에 영향을 미칠 것이고 노동과정·상거래·교육·여가·기업 형태에 이르기까지 다양한 영역에 걸쳐서 혁명적 변화를 가져올 것이다.[4]

인터넷의 영향력이 엄청나다는 것은 그 이용 증가율에서도 짐작할

마셜 맥루한

수 있다. 인터넷이 주로 미국의 기술혁신에 힘입어 발전했고 또 대부
분의 사이트가 영어로 이루어져 있지만, 인터넷의 전 세계적인 확산과
함께 미국의 독점 추세는 점차 약해지고 있다. 최근 통계에 따르면,
1990~99년 사이에 전세계 인터넷 이용자는 123배 증가하고 있다.[5] 우
리 나라의 경우 인터넷 도메인(주소)의 변화 추세를 검토하면 1993~99
년 사이에 약 3,400배 증가한다.[6]

　인터넷 시대에 두드러진 현상 가운데 하나는 문자언어와 문헌 대신
에 영상언어와 '시각적인 것the visual'의 영향력이 증대되고 있다는
점이다. 물론 인터넷 사이트에서 문자언어로 구성된 텍스트가 아직도
대다수를 차지한다. 그러나 사이버 공간의 텍스트는 문자언어로만 구
성되기보다는 영상·이미지·음향 등의 신호와 결합된다. 그것은 전
통적인 의미의 텍스트라고 할 수 없다. 영상언어 또는 '시각적인 것'
이란 빛을 통한 인지신호이다. 그것은 색, 움직임, 명암, 형태 등을 갈
무리해 사물을 이해할 수 있도록 하는 유추 언어이다.

　그렇다면 문자언어에서 영상언어로 중심이동은 어떤 의미를 갖는
가? 사실 인터넷이 이 같은 중심이동을 초래했다고 할 수는 없다. 영
상언어의 비중은 이미 전자 미디어의 등장과 더불어 지속적으로 높아
졌다. 아마도 영상언어는 이성으로부터 감각의 해방을 추구하는 이
시대의 욕구와 풍조를 반영한다고 할 수 있다. 그렇다고 하더라도 인
터넷이 영상언어로의 중심이동을 더욱 가속시킨 것은 분명하다.

　일반적으로 문자언어는 이성중심의 논리와 선형적 서사를 지향한
다. 문자언어를 시각적 표현에 비유한다면, 그것은 원근법에 해당한
다. 원근법은 반드시 한 시점을 선택한 다음에 나머지를 차례로 배치

하는 방식이라는 점에서 논리적이며 그 이외의 다른 가능성은 모두 억압한다. 구텐베르크 이후 활자 문화는 이러한 경향을 더 심화시켰다. 서구 문화의 이성중심주의는 이를 반영한다. 일찍이 알렉시스 드 토크빌Alexis de Tocqueville은 프랑스혁명 과정에서 인쇄 문헌이 어떻게 프랑스 국민을 동질적인 집단으로 만들었는가를 검토한 적이 있다. 프랑스혁명은 획일성, 연속성, 선형이라는 인쇄언어의 논리가 구술의 지배 아래 있던 봉건사회의 복합적 특성을 무너뜨린 혁명이었고, 이를 주도한 사람들은 당대의 문필가와 법률가들이었다는 것이다.[7]

문자언어와는 달리 영상언어는 논리에서 해방을 추구한다. 그것은 감각적이고 비선형적이며 유추 언어이다. 이 때문에 문자언어에 익숙한 사람들은 영상언어 위주의 매체나 커뮤니케이션을 경시해 왔다. 예컨대 1990년대 초 대영도서관을 이전할 무렵에 전통적인 도서관과 전자도서관을 둘러싼 논란이 있었다. 당시에 대다수 인사들은 전통적인 도서관 신축에 관심을 나타냈다.[8] 여기에서 우리가 주목해야 할 것은 영상언어의 비선형성 또는 비논리성은 특히 인터넷 하이퍼텍스트의 영향과 맞물려 더욱더 심화된다는 사실이다.

하이퍼텍스트란 일종의 '매개고리'를 가진 텍스트이다. 이것은 '연결고리 언어hyper link'를 사용해 텍스트(또는 이미지)와 다른 텍스트를 곧바로 연결하며 한 텍스트에서 다른 텍스트로 순간적으로 이동할 수 있도록 한다. 이제 인터넷 이용자는 여러 텍스트들을 서로 연결하고 변형하거나 조작함으로써 전통적 텍스트의 선형적이고 단선적이며 논리적인 한계를 넘어선 텍스트와 만날 수 있다. 이런 텍스트는 선형적인 서사가 아니라, 이용자의 선택과 취향에 따라 구성된 비선형적인 서사이다. 그것은 컴퓨터 게임에 비유할 수 있다. 컴퓨터 게임(예컨대 ‘삼국지’)은 참여자의 선택에 따라 다양한 스토리로 구성된다. 게임 소프트웨어와 게임 참여자 사이의 쌍방향 의사소통을 통해 스토리의 다중전개와 다중결말을 보여주는 것이다.

지금까지 사람들은 주로 문자언어와 책을 통해 정보와 지식을 얻고 축적해 왔다. 그러나 앞에서 살펴본 대로, 인터넷의 출현은 이러한 전통적 방식의 일대 전환을 예고한다. 이것은 이전에 인류가 경험한 적이 없는 새로운 상황이라고 할 수 있다. 영상언어와 이미지와 하이퍼텍스트의 영향 아래 지식 및 정보의 획득은 물론, 의사소통의 패턴에 이르기까지 혁명적 변화가 예상되는 것이다. 이 변화는 현재 진행중이기 때문에 앞으로 어떤 방향으로 어떻게 전개될 것인지 , 그리고 우리의 삶의 방식이 어떻게 달라질 것인지 정확하게 예측할 수 없다.

인터넷 시대의 역사 서술

역사학에 대한 인터넷 혁명의 영향을 살피기 전에 우선 현재 역사학의 상황을 검토할 필요가 있다. 랑케 이래 근대 역사학은 과거에 대한 체계적 접근을 통해 역사현상을 재현하려고 노력해 왔다. 특히 20세기 역사학은 사료의 한계를 극복하려는 노력의 일환으로 인류학 · 경제학 · 사회학 등 인접 학문의 방법과 개념을 받아들임으로써 좀더 전문적인 학문체계로 발전했다. 역사가들은 정치사에서 경제사로, 다시 사회사로 그 연구의 외연을 넓혔는데, 사회과학의 방법과 개념을

Lindros and LeClair?
You tell us: Page 175
Heart-to-heart messa
Pages 56-61
PHILADELPHIA DAILY
NEWS
THE PEOPLE PAPER
60¢ FRIDAY, FEBRUARY 12, 1999
LATE SPO
THE
WINNER

빌린 ‘사회과학적 역사학’은 마르크스주의나 근대화론과 같은 거대 담론을 내세우며 전체 사회를 재구성할 수 있다는 믿음을 가지고 있었다.

오늘날 이러한 믿음은 포스트모더니즘의 도전에 시달리고 있다. 서구에서 이 새로운 도전은 다양한 경향을 보여주지만, 그 가운데 일부 역사 서술은 이전 역사가들이 별로 관심을 기울이지 않았던 측면들, 과거 사람들의 삶에 새겨진 미묘한 흔적까지도 심층적으로 파헤치고 재구성하는 뛰어난 성과를 거두었다. 신문화사나 미시사 서술이 이러한 움직임을 주도하고 있다.[9] 그러나 새로운 역사 연구에는 ‘극단적 상대주의’라고 할 수 있는 아주 위험한 경향도 깃들어 있다. 이 경향의 지적 기원은 여러 곳에서 찾을 수 있지만, 아무래도 해체론의 영향을 주목해야 할 것 같다.[10] 해체주의는 사고와 언어에서 독립된 현실을 상정하지 않으며, 기호와 언어를 통해서 표상된 세계의 이데올로기나 논리중심주의를 폭로함으로써 진리의 상대성을 내세운다. 그것은 현존 세계의 불확실성이 높아짐에 따라 더 커다란 영향력을 발휘하고 있다.

이 새로운 경향은 역사 서술에 어떠한 영향을 미칠 것인가? 지금까지 역사학은 언어가 ‘실재the real’를 반영하고 표상한다는 것, 따라서 역사 연구는 궁극적으로 그 실재에 가까이 다가설 수 있다는 것을 전제로 삼았다. 지난 30여 년간 실증적인 역사가들은 포스트모더니즘을 역사학 자체에 대한 공격으로 인식했으며, 역사학은 ‘현실의 수호자’로서 특권을 부여받기에 이르렀다. 일반 역사가들은 역사학이 언어에 의존하더라도 언어와 세계 사이의 조응을 포기할 수 없다고 본다. 사실 경험주의적 전통 안에서는 역사 서술이 실재의 투명한 반영이고 문학은 순수한 환상에 지나지 않는다고 보는 견해가 오랫동안 이어져 내려왔다. 논리와 수사, 사실과 허구, 글자 그대로의 표현과 은유, 역사 서술과 문학 등의 이분법이 바로 그것이다.

이밖에 역사 연구에서 인과관계를 밝히려는 전통적인 방식에 대해 의문을 제기하고, 원인과 결과라는 구분은 역사가들의 자의적 인식에 지나지 않는다고 보는 경향도 있다. 이런 견해에 따르면, 역사 서술에서 인과관계는 궁극적으로는 역사가의 수사의 한 형태라는 것이다. 또 기존 역사 서술이 유럽중심주의, 인종주의, 특정 계급의 정체성만을 절대 기준으로 삼아 서술되었다는 비판도 여러 분야에서 나오고 있다. 즉 종래 계급중심의 역사 대신에 동성애자나 성별 또는 사회적 일탈자와 같은 다양한 사회적 정체성의 시각에서 과거를 재구성하려는 시도도 활발하게 전개되고 있다.

이러한 움직임은 우리가 지금까지 당연하게 생각해 온 역사학의 정체성에 심각한 의문을 제기한다. 극단적 상대주의에 관심을 기울이다 보면, 과연 역사적 진실이 있는지, 또는 그 진실에 가까이 접근할 수 있는지 심각한 회의에 빠질 위험이 있다. 이제 진실과 허구의 구분은 무의미하다. 역사 서술은 역사가의 의도적 구성물이며 그것은 객관성이라는 겉옷을 입고 나타날 뿐이다. 사실 이러한 혼란은 포스트모더니즘이라는 새로운 사조의 영향 이전에 이 혼돈스러운 현대 사회의 필연적인 결과처럼 보인다. 현대 사회는 불확실한 미래와 불투명한 전망만을 보여줄 뿐이기 때문이다. 여기에서 특히 우려되는 것은 최근의 인터넷 혁명이 이러한 경향을 강화하는 방향으로 작용한다는 사실이다. 그렇다면 역사 연구와 관련지어 인터넷 세계는 실제로 어떤 영향과 충격을 주고 있는가.

우선 하이퍼텍스트란 본질적으로 역사 서술의 형식과 대조적이다. 포스트모더니즘의 비판이 활발하게 진행되고 있지만, 그럼에도 지금까지 전통적인 역사 서술은 객관적 진실에 접근하려는 경향을 보여주었고 이를 위해 인과관계와 논리성을 중시하는 서술양식을 견지해 왔다. 물론 최근에 선형적 서사를 의도적으로 벗어나려는 시도가 있기는 하다.[11] 그렇더라도 역사 연구는 사건이나 현상의 인과성을 밝히는 작업이라는 통념이 오랫동안 이어져 내려왔다. 또 1차 사료에 대한 엄밀한 분석을 거쳐서 과거의 객관적 진실에 접근하기 위해서는 무엇보다도 논리적 절차와 방법에 따라야 한다는 믿음이 강했다. 하이퍼텍스트는 이러한 믿음을 잠식한다. 선형적 인과성과 논리성에 대한 도전은 한편으로는 비선형적 서사를 전형으로 내세우며, 다른 한편으로 특히 사이버 공간에서 다양한 경험을 제공함으로써 실재와 허구의 경계[12]를 무너뜨리는 데서 더 나아가 객관적 진실 자체에 대한 회의의 분위기를 널리 퍼뜨린다.

다음으로, 우리는 문자언어와 (이미지를 포함한) 하이퍼텍스트가 공존하는 환경을 상정할수 있다. 움베르토 에코Umberto Eco의 말대로, 하이퍼텍스트가 전통적인 텍스트를 완전히 대체하지는 못할 것이다. 에코는 전통적인 텍스트를 고전음악에, 그리고 하이퍼텍스트를 재즈에 비교해 설명한다. 재즈의 즉흥 연주가 클래식의 악보 위주 연주를 완전히 대체하지 못한 것처럼, 하이퍼텍스트와 전통적인 텍스트 역시 서로 공존하리라는 것이다. 그러나 책의 시대가 쇠퇴하고 있다는 징

후는 여러 곳에서 포착된다. 예컨대 브리태니커사가 몇 년 전에 이미 백과사전 개정판의 출판을 중단하고 급기야는 최근에 그 CD마저 공개하기로 결정한 것은 책의 시대가 쇠퇴하고 있음을 웅변으로 보여준다.

오늘날 젊은 역사가들은 전문 역사학이 대학 안에 고립된 현실을 벗어나 새로운 독서층을 복원해야 하며 이를 위해서는 평이하면서도 좋은 글쓰기 작업이 필요하다는 것을 강조한다. 이것은 역사학이 전문성만을 강조한 나머지 일반 사람들의 관심 밖으로 사라졌다는 자기반성에 비롯한 것이다. 사실 역사 서술은 옛날부터 주위에 독자를 형성해온 준準문학적 장르였다. 역사 서술의 독서층이야말로 전통적 역사의 존립 기반이었다. 역사 서술은 독서층을 통해서 스스로를 실현한다. 일반인들의 관심을 사로잡는 흥미 있고 평이한 글쓰기를 강조하는 것은 역사학이 직면한 위기를 넘어서려는 자구적인 노력이라고 할 수 있다. 그러나 이러한 시도마저 미래에 언젠가는 단지 전시대의 유산으로 간주될지 모른다는 느낌을 지울 수 없다.

마지막으로, 20세기 말 이후 시대를 연구하는 역사가들은 앞으로 사료의 문제에 직면할 것이다. 집단이건 개인이건 사유와 의사소통을 인터넷에 의존할 경우 그 잔흔은 소멸하거나 왜곡 또는 변형된다. 역사가들은 지금까지와는 전혀 다른 상황에 부딪히게 되는 셈이다. 디지털 혁명이 얼마나 기록의 잔존에 치명적으로 작용할 것인가는 전화 시대 이후 우리들의 편지 쓰기 관행이 사실상 사라지고, 컴퓨터를 사용하면서 필기를 거의 하지 않는다는 사실을 통해서도 쉽게 추측할 수 있다. 사이버 공간의 그 변형되고 삭제된 잔흔들을 찾아내어 사료로 복원할 수 있겠는가. 앞으로 역사학이 아직도 '사멸의 종'이 되지 않았다고 하더라도, 우리 후대의 역사가들은 과거를 재현하기 위한 기본 자료를 확보하는 데 어려움을 겪을 수밖에 없다.

서양사 분야의 현황과 새로운 대응

인터넷은 전문 역사가들에게는 학술정보 및 광범한 문헌자료에 쉽게 접근할 수 있다는 점에서 긍정적인 측면을 가진다. 서양사의 경우 이미 미국, 영국, 독일 등 주요 나라를 중심으로 역사 관련 사이트들이 개설되어 있으므로, 이들을 주제에 따라 분류하고 각 사이트의 특징을 소개하는 것이 무엇보다 중요하다. 이미 김민제, 장준철 교수 등이 이러한 작업을 선도하고 있고 그 작업은 꾸준하게 이어지리라 생각한다.[13] 특히 김민제 교수는 서양사의 각 시대사별로 주요 사이트를 탐사하고 소개하며 분류하는 작업을 계속하고 있는데, 그 작업 결과는 그의 홈페이지에서 쉽게 이용할 수 있다.[14] 장준철 교수의 경우 이미 중세사 관련 사이트를 광범하게 소개하고 연결할 수 있는 MEDLINK를 운영하고 있다.[15] 앞으로 각 시대사 뿐만 아니라 분야사의 경우에도 이와 같은 선도적인 작업 결과가 이루어지기를 기대한다.

미국 및 유럽의 역사 관련 사이트는 어떤가. 이 글은 이들 사이트를 개괄하는 데 목적을 두지 않는다. 다만 내 전공과 관련된 몇몇 사이트를 살피는 선에서 그치려고 한다. 인터넷의 서양사 관련 사이트는 그 성격상 다음의 세 가지로 분류할 수 있다. 우선 고문헌의 원문과 기타 문헌정보를 제공하는 사이트가 있다. 다음으로 주제별 또는 분야별로 다른 사이트를 소개하고 연결하는 기능을 가진 사이트가 있다. 마지

막으로 데이터베이스 자료를 제공하는(검색이 가능한) 사이트가 있다. 물론 이들 성격을 공유하는 경우도 매우 많다. 특히 연구소나 특정 학회의 홈페이지가 그렇다.

서양사 분야에서는 미국, 영국, 독일 등 역사학자 개인이나 연구소, 학회 또는 그 밖의 기관에서 여러 사이트를 개설해 다양한 정보를 제공하고 있으므로, 국내 연구자로서는 이를 잘 활용하면 연구의 효율성을 높일 수 있다. 근현대사의 경우는 흔하지 않지만, 특히 고대사와 중세사 분야는 중요한 고문헌을 원문 그대로 제공하는 사이트들이 개설되어 우리가 사료에 쉽게 접근할 수 있는 통로를 제공한다. '페르세우스 프로젝트Perseus Project', '프로젝트 구텐베르크Project Gutenberg', '온라인 중세사 문헌ORB: On-line Reference Books for Medieval Studies' 등이 이에 해당한다.[16] 근대사 관련 사이트의 경우 사회사 주제를 주로 다루고 있는 '스팔타쿠스'는 여러 소주제별로 원전의 일부를 발췌 제공하고 관련된 도상을 함께 제공하고 있어서 연구는 물론 효율적인 교육자료로 활용할 수 있다. 예컨대 이 사이트 중에서 영국 근대사 부분[17]을 살펴보면, 18세기 이후 왕정, 수상, 섬유공업, 철도, 교육, 기업가, 예술 및 건축가집단, 만화가, 저널과 신문, 기술자, 노예무역, 노동조합운동, 빈곤문제와 주거, 아동노동, 도시, 의회 의원 인명부 및 선거 결과 등에 관련된 정보를 제공한다.

연구소나 또는 학회에서 운영하는 사이트에서도 유용한 정보를 얻을 수 있다. 런던 대학 역사 연구소 사이트는 전통 있는 연구소가 어떻게 학문연구에 기여할 수 있는지 한 전범을 보여준다.[18] 메뉴 가운데 특히 흥미로운 것은 '온라인 역사History on-line'이다. 이것은 영국에서 출판된 학술서에 관한 서지정보, 논문 목록 및 일부 요약, 영국 고등교육기관의 역사 분야 연구자(1998년 12월 현재), 학위논문, 연구소의 각종 세미나와 학술회의 정보 등을 담고 있다.[19] 한편, 미국의 계량경제사학회Cliometric Society에서 개설한 EH.Net은 경제사 분야의 방대한 정보를 제공한다.[20] 이 사이트는 영국, 미국, 캐나다 등 세 나라의 '경제사학회'가 협조해 운영한다. 최근 EH.Net의 '프로젝트 2000'은 20세기에 출간된 중요한 경제사 연구서에 대한 일련의 평가 작업을 하고 있다.[21]

인터넷의 장점은 무엇보다도 그 신속성에 있다. 계간 또는 반년간으로 출간되는 학술지는 연구자들의 논쟁과 토론을 곧바로 실을 수 없다. 연구논문 또한 학술지에 게재하기까지는 1~2년의 기간이 필요한 실정이다. 사이버 공간의 '웹진web-zine'은 이러한 난점을 해결해 줄 뿐만 아니라 연구자들 사이의 토론과 논쟁을 활성화할 수 있다. 미국 알바니 소재 캘리포니아 대학에서 만든 역사 웹진은 멀티미디어를 이용한 역사 서술, 교육 및 연구에 이미 각별한 관심을 기울여 이 분야를 선도하고 있다.[22]

그렇다면 우리 서양사학계의 경우 인터넷 사이트를 어떻게 운영하고 있는가? 앞에서 언급한 김민제, 장준철 교수 이외에도 몇몇 연구자들이 개인 홈페이지를 만들어 자기 나름의 학술정보를 제공하고 있으나, 아직은 소수에 그치고 있는 실정이다.[23] 우리 학계에서 시급한 것은 국내 연구자들의 연구현황과 인적사항 등에 관한 상세한 정보를 얻는 통로를 마련하는 일이다. 한국학술진흥재단에서 전 학문분야의 연구자에 대한 상세한 연구 관련 정보를 구축하고 있지만, 인명별 검색방식으로만 찾을 수 있어서 학계 전반에 관한 정보를 알려고 할 때에는 곤란한 점이 있다. 물론 서양사학회, 영국사학회, 문화사학회 등도 홈페이지를 개설하고 있다.[24] 그러나 그것들은 대부분 최소한의 학회활동을 안내하는 수준에 지나지 않는다.

홍익대학교 역사교육과에서 운영하는 '역사서지 검색KHC' 사이트[25]는 국내 최초로 연구자들의 연구 정보를 체계화해 제공한다. 그러나 서양사의 경우 그 내용이 정확하지 않은 경우가 많고 또 최근 정보를 그때그때 수록하지 못하는 실정이다. 이것은 국내 역사 연구자들의 자발적인 참여 없이는 정확한 정보제공이 불가능하다는 점을 알려준다. 서양사학회 차원에서 이 중요성을 인식하고 개별 회원들에게 적극 권장해 매년 연구목록을 수합, KHC에 전하거나 또는 연구자 개인이 자발적으로 KHC에 전하는 길밖에 없다. 학술진흥재단 학술정보 가운데 서양사 분야 전공자들에 관한 사항을 이용할 수 있는 방안을 강구하는 것도 한 가지 대안이라고 생각된다. 어쨌든 여러 분야의 정보를 체계적으로 수합하고 분류하는 것은 아직 우리나라의 정서와 분위기 아래서는 쉽지 않은 일이다. 서양사의 경우 이미 여러 분과학회가 자리 잡고 있다. 예컨대 고대사학회, 중세사학회, 미국사학회, 영국사학회, 프랑스사학회, 문화사학회 등이 이에 해당한다. 이들 소규모 학회는 결속력이 더 강한 만큼 회원들의 연구정보를 매번 갱신하는 데 어려움이 없을 것이다. 회원 개인의 신상정보와 연구실적, 그리고 나아가 원문을 제공하는 방식을 이후부터라도 시도할 만하다. 소규모 학회 사이트에 연구자 개인의 홈페이지를 연결하는 것도 중요하다.

한편 근래에는 서양사 강의에 인터넷을 이용하는 사례가 늘고 있다.[26] 그러나 인터넷을 강의 보조수단으로 이용하는 차원을 넘어 완전한 가상대학에서 서양사 수업을 효율적으로 진행하는 데에는 아직 어려운 점이 많다. 인터넷 수업을 주제로 관련 학회에서 여러 사례를 검토하고 토론하는 기회를 마련할 필요가 있다.

하이퍼텍스트의 속성을 이용해 특히 다양한 논쟁이 끊임없이 이어지는 주제들을 다루면 어떻게 될까? 예컨대 영국 산업혁명의 경우 격변론과 점진론, 낙관론과 비관론이 첨예하게 대립한다. 산업화를 초래한 기동력을 어떤 요인에서 찾아야 할 것인지에 관해서도 끝없는 논쟁이 계속되고 있다. 산업혁명이라는 주제를 다룰 때 지금까지 역사가는 그 자신의 해석이나 또는 특정한 연구자들의 해석을 기준으로 삼아 가르치는 경우가 일반적이었다. 만일 학생들이 하이퍼텍스트에서 다양한 견해와 관점을 그 자신이 선택해 학습할 수 있다면, 달리 말해서 역사적 사실뿐만 아니라 그 사실들에 대한 해석의 영역까지도 학생들에게 내맡긴다면, 어떤 결과가 나타날 것인가. 이 경우 학생 스스로 현상에 대한 특정한 해석자가 되는 셈인데, 이것이 역사 지식과 인식의 지평을 넓히는 데 긍정적으로 작용할지 또는 그 반대로 작용할지 알 수 없는 일이다.

인터넷 사이트와 관련지어 한 가지 더 언급할 것은 역사의 대중화 문제이다. 이런 점에서 조한욱 교수의 사이트 '서양사 이야기'[27]는 아주 성공적이라 할 만하다. 이 사이트는 조 교수와 방문자들의 쌍방향 의사소통의 가능성을 보여준다는 점에서 매우 흥미롭다. 신문화사에 관심을 가진 연구자답게 조 교수는 영화, 유머, 문화사적 주제들에 관한 흥미로운 읽을거리를 제공하는데, 서평이나 영화평의 경우 다양한 사람들이 참여하며 질문과 그 답변 형식의 편지들이 주된 내용을 이룬다. 그의 사이트는 2001년 5월 당시 방문회수가 16만 회를 돌파할 만큼 커다란 인기를 누리고 있다. 이것은 역사를 대중화하려는 조 교수 개인의 노력에 힘입은 것이지만, 역사교육에서 쌍방향 커뮤니케이션을 어떻게 진행할 수 있는가라는 문제에 하나의 대안을 제시했다고 할 수 있다.

긴장에서 적응으로

당분간 인터넷 혁명은 역사학과 긴장관계를 유지할 것이다. 역사 서술의 전통과 하이퍼텍스트의 형식은 어느 면에서 양립 불가능한 인상을 심어준다. 제아무리 학술정보 교류의 필요성에서 인터넷을 적극 활용한다고 하더라도 가까운 미래에 역사학이 '사멸의 종'으로 나아갈 수도 있다는 불안감을 떨칠 수 없다. 그럼에도 디지털을 중심으로 진행되는 정보화는 우리가 선택 여부를 결정할 수 있는 것이 아니다. 그것은 우리가 처한 조건이며 운명이다.

그러나 과거를 돌이켜보면 전문 역사학의 역사는 2세기를 넘지 못한다. 여러 예외가 있겠지만, 특히 유럽에서 전문 역사학이 발전하는 데에는 근대 국민국가의 발전이라는 시대상황과 밀접하게 관련되어 있었다. 19세기에 유럽의 국민국가들은 국왕 및 귀족지배체제가 쇠퇴하고 그 대신에 새로운 정치질서가 성립되는 과정에서 국왕과 귀족 위주의 전통적인 국가적 상징물만으로 대응할 수 없었다. 이전의 국가적 상징을 대체할 새로운 정체성이 필요했으며, 역사학이야말로 이러한 필요성에 적극 협조한 학문 분야였다. 역사학은 지난 두 세기 동안 국가의 적극적인 보호와 관심 아래, 그리고 제도교육의 우산 아래 발전을 계속할 수 있었다. 어쩌면 오늘날 전문 역사학의 위기는 전지구화와 아울러 국민국가의 강고한 경계가 무너지고 있는 새로운 상황을 반영하는 것인지도 모른다.

인터넷과 사이버공간의 확산은 바로 국민국가의 경계 허물기라는 새로운 풍조와 연결되고 있다. 이 새로운 상황은 한편으로는 전통 역사학의 위기를 나타내는 것이면서, 다른 한편으로는 새로운 패러다임에서 역사학이 어떻게 자기 변신할 수 있는가라는 문제를 숙고하게 만든다. 이 위기는 동시에 새로운 기회를 내포하고 있는 것이다. 사실 이 학문 분야가 새로운 세기에 어떻게 변할지 아무도 알 수가 없다. 다만 오늘날의 정보화 추세가 역사학에 대한 비관적 전망을 낳으면서도, 오히려 끊임없는 자기변신의 필요성을 일깨우고 있다는 것은 분명하다. 우리 역사가들이 어떻게 긴장관계를 넘어서 이러한 추세에 대응하고 또 적응할 수 있는가? 긴장과 적응의 변증법을 지금 알 수 없지만, 어쨌든 우리는 그것을 찾아 헤매지 않을 수 없다. 이 같은 모색의 필요성 또한 전문 역사가들이 직면한 오늘날의 또 다른 조건이자 운명이다.

사회적 풍경으로서의 역사

나는 존 플럼John H. Plumb의 저술을 깊이 읽은 적이 없다. 다만 그가 오랫동안 케임브리지대학 크라이스츠 칼리지에서 학생들을 가르쳤으며, 18세기 정치사 연구의 대가라는 점만을 알고 있을 뿐이다. 플럼은 많은 제자들을 길러냈다. 특히 1960년대 후반부터 70년대 초에 그의 주위에는 비슷한 또래의 재기발랄한 젊은이들이 모여 있었다. 사이먼 샤머Simon Schama, 로이 포터, 린다 콜리Linda Colley도 이 시기에 플럼의 가르침을 받았다. 그 당시만 하더라도 학부를 최우등으로 졸업하면서 뛰어난 논문을 제출한 학생은 곧바로 칼리지의 학감don으로 임명되어 학생들을 지도할 수 있었다. 샤머와 포터는 이와 같은 경력을 쌓았다. 콜리는 학부시절을 브리스톨에서 보냈지만, 케임브리지로 옮겨온 이후에는 같은 칼리지에서 여학생들을 가르쳤다.

이들 세 역사가는 케임브리지의 크라이스츠 칼리지에서 젊은 시절을 보냈다는 점 외에도 몇 가지 공통점을 가지고 있다. 플럼은 실증적인 연구를 강조하면서도 역사 서술에서 가장 중요한 것은 그 문장과 표현이라는 점을 가르쳤다. 이들의 저술이 독자의 관심을 끌었던 것도 젊은 시절의 이러한 경험과 무관하다고 할 수 없을 것이다. 이들은 젊은 나이에 출세작을 내놓아 이름을 얻었는데, 다루는 시기가 넓으면서도 최소한의 사료작업과 거침없는 상상력으로 과거를 재현하는 솜씨를 보여주었다. 한편 이들은 칼리지에서 상당기간 학생들을 가르쳤으면서도 정작 케임브리지대학에 정식 임용되지는 못했다. 샤머와 콜리는 미국으로 건너가 아이비리그의 대학들에 자리를 잡아 저술활동을 계속할 수 있었다. 이들이 전후세대에 속한 역사가들이면서도 일찍부터 명성을 얻은 것은 역사 서술에서 그 자신만의 독특한 개성과 스타일을 표현했기 때문일 것이다. 일찍이 플럼의 제자들은 역사를 생산뿐만 아니라 소비의 측면에서 접근했다. 그리고 이러한 태도야말로 근대 역사학 성립 이전에 세계의 여러 문명권에서 제각기 간직해온 소중한 전통이기도 했다.

역사학의 위기라는 말이 심심치 않게 등장하지만, 나는 그보다 더 좁게 사회사의 위기라는 말을 되씹는다. 사회사에서 문화사로 역사학의 패러다임이 바뀌었다는 선언이 전혀 낯설지 않게 된 것도 오래 전의 일이다. 과연 사회사는 위기인가? 나는 그 말을 들을 때마다 위기는 곧 기회라는 옛말을 떠올린다. 사회사가 과학적 연구와 기술을 지향하면 할수록 그 위기는 예견된 것이었다. 오래 전에 펴낸 내 자신의 책들을 다시 꺼내 읽어보면 책읽기에 무수한 고통이 뒤따른다는 것을 새삼 깨닫는다. 오랫동안 나는 역사를 생산의 측면에서만 생각했을 뿐 그 소비 문제를 고려하지 않았던 것이다.

사회사에서 새로운 대안을 모색할 수 있을까. 역사의 대중화, 문학적 역사, 사회사의 재흥이라는 연결고리에 대해 생각해 본다. 요즘 내가 관심을 가진 슬로건은 '사회적 풍경'이다. 이는 묘사가 과학적 분석을 대신할 수 있는가라는 문제제기에서 비롯한다. 달리 말하면, 묘사에 치중하면서도, 서사보다는 삽화나 스케치처럼 특정한 시대의 사회상을 점묘법의 형태로 기술하려는 시도를 가리킨다.

역사가는 자신이 선택한 시대에 나름대로 의미를 부여한다. 문제는 그 시대의 사회 모습을 독자에게 어떻게 인상 깊이 각인시킬 수 있는가에 있다. 여기에는 여러 가지 길이 있을 것이다. 내가 제안하는 방식은 마치 한 시대의 사회를 풍경사진 찍듯이 되살리는 일이다. 스냅사진을 찍을 때 반드시 전체 풍경을 담을 필요는 없다. 서울 시가지 전체를 찍은 사진도 중요하지만, 남대문 주변이나 또는 종로거리를 찍은 풍경이 더 친근하게 서울의 이미지를 재현할 수도 있다. 역사가는 능력의 한계 때문에 어찌할 수 없이 선택적으로 자신의 연구 또는 서술 대상을 정할 수밖에 없다. 특정 순간의 모든 자료를 다 망라할 수 없으므로 답사하고 눈에 들어온 것만을 스케치해 사진 찍듯이 되살린다는 뜻에서 '사회적 풍경'이라고 이름 붙인 것이다.

그렇다면 어떤 대상에 렌즈를 맞출 것인가. 역사가는 눈앞에 펼쳐진 과거라는 무수한 잔상들 가운데 어느 것인가를 주목하고 눈길을 맞추며 그것을 끄집어낸다. 이러한 작업 하나하나가 사회적 풍경을 재현하는 데 중요한 기여를 하는 것이다. 나는 역사가가 사회적 풍경을 그린다면 풍경사진보다는 훨씬 더 그럴듯한 공감을 불러일으킬 것이라고 확신한다. 왜냐하면 역사가는 시간 및 공간 면에서 동시적으로 여러 시점과 여러 장소에 출현해 과거를 재현할 수 있기 때문이다. 사진작가는 이러한 작업을 할 수 없다. 역사가가 재현한 사회적 풍경은 여러 시점에서 바라보고 또 여러 각도와 장소에서 바라보았을 때 나타났음직한 것들로 구성된다.

요즈음 1880년대 영국 사회의 풍경을 되살리는 일에 몰두하고 있다. 그 작업은 지식인들의 글을 매개체로 빈곤, 경제, 교육, 인종문제, 노동, 신앙 등의 갖가지 소재들을 선택적으로 되살려 적절하게 재배치하는 방식으로 진행된다. 이들 소재들이 서로 어울려 한 시대의 사회적 풍경으로 나타날 수 있을지 아직은 알지 못한다. 얼마나 호소력 있는 스케치가 될지는 더 알 수가 없다. 다만 역사가는 그 자신만의 독창적인 역사 서술을 추구해야 한다는 시어도어 젤딘의 충고를 염두에 두고 있을 따름이다.

주석

스코틀랜드 계몽운동과 오리엔탈리즘

[1] 에드워드 사이드, 《오리엔탈리즘》, 박홍규 옮김(교보문고, 1991).

[2] 스코틀랜드 계몽운동에 관한 일반적인 개요는 다음을 볼 것. David Allen, *Virtue, Learning and the Scottish Enlightenment* (Edinburgh University Press, 1993); Christopher J. Berry, *Social Theory of the Scottish Enlightenment* (Edinburgh University Press, 1997); Anand C. Chintnis, *The Scottish Enlightenment: A Social History* (London: Croom Helm, 1997); Jane Rendall, *The Origins of the Scottish Enlightenment* (London: Macmillan, 1978).

[3] Christopher Harvie, *Scotland and Nationalism: Scottish Society and Politics 1707~1994* (London: Routledge, 1994), p. 7.

[4] 피터 게이, 《계몽주의의 기원》, 주명철 옮김(민음사, 1998).

[5] 이러한 시각은 아마도 유르겐 하버마스에게까지 소급해 올라가야 할 것이다. 그는 계몽운동을 여론의 토론과 변용을 위한 공공영역의 창출과정으로 이해한다. Habermas, *The Structural Transformation of the*

Public Sphere: An Inquiry into the Category of Bourgeois Society (Oxford: Blackwell, 1989)의 Thomas McCarthy의 서문 참조.

6 이 평론지의 초기 편집인들로는 제프리, 콕번 외에 시드니 스미스 Sydney Smith(1771~1845), 헨리 브루엄Henry Brougham (1778~1868), 제임스 밀James Mill(1773~1836)이 활동했다.

7 이하 백과사전 초판, 재판, 3판을 인용할 경우 각기 ʻEB, 1st ed., EB, 2nd ed., EB 3rd ed.ʼ 로 표기한다.

8 《브리태니커 백과사전》 편찬의 역사는 다음을 볼 것. *An Anthology of Pieces from Early Editions of Encyclopaedia Britanica* (London: Encyclopaedia Britanica, 1963).

9 Berry, *Social Theory of the Scottish Enlightenment*, pp. 14~15.

10 Rendall, *Origins of the Scottish Enlightenment*, pp. 141~43.

11 Lisa Hill, "Eighteenth-Century Anticipations of the Sociology of Conflict: the Case of Adam Ferguson," *Journal of the History of Ideas*, 62:2 (2001), pp. 296~97.

12 Adam Ferguson, *An Essay on the History of Civil Society* (Cambridge University Press, 1995), p. 109.

13 이러한 인식은 같은 책, pp. 108~9를 볼 것.

14 초판에서 3판까지 ʻ불교Buddhismʼ, ʻ도교Taoismʼ, ʻ유교Confucianismʼ 등의 용어가 수록되지 않았다. 다만 3판에 ʻ공자Confuciusʼ가 처음 등장한다.

15 *EB*, 1st ed., vol. 2, pp. 184, 826.

16 *EB*, 1st ed., vol. 2, pp. 184~85.

17 *EB*, 2nd ed., vol. 3, pp. 1,907~21.

18 *EB*, 3rd ed., vol. 4, pp. 651~94.

19 *EB*, 2nd ed., vol. 5, pp. 3,816~20. 3판에는 ʻ일본ʼ 항목이 눈에 띄

지 않는다. 이것은 '중국'이나 '인도'의 경우와는 대조적이다. 재판의 항목을 보완하지 않았다면 3판에서는 적어도 그 내용을 그대로 재수록했어야 한다. 일본에 관한 항목 자체가 없는 것은 편집상의 실수에서 비롯된 것 같다.

[20] *EB*, 2nd ed., vol. 3, p. 1,907.

[21] *EB*, 3rd ed., vol. 4, p. 653.

[22] *EB*, 2nd ed., vol. 3, p. 1,918; *EB*, 3rd ed., vol. 4, p. 663.

[23] *EB*, 2nd ed., vol. 3, p. 1,918.

[24] *EB*, 2nd ed., vol. 3, p. 1,918.

[25] *EB*, 2nd ed., vol. 5, p. 3,818.

[26] *EB*, 2nd ed., vol. 5, p. 3,819.

[27] *EB*, 1st ed., vol. 2, p. 838; *EB*, 2nd ed., vol. 5, p. 3,887.

[28] *EB*, 3rd ed., vol. 9, p. 176~215.

[29] *EB*, 3rd ed., vol. 9, p. 177.

[30] *EB*, 3rd ed., vol. 9, p. 178.

[31] *EB*, 3rd ed., vol. 9, p. 181.

[32] *EB*, 3rd ed., vol. 9, pp. 184~85.

[33] *EB*, 3rd ed., vol. 9, p. 185.

[34] *EB*, 3rd ed., vol. 9, p. 187.

[35] *EB*, 3rd ed., vol. 9, pp. 188~203.

[36] *EB*, 3rd ed., vol. 9, p. 203.

[37] Martha McLaren, "From Analysis to Prescription: Scottish Concepts of Asian Despotism in Early Nineteenth-Century British India," *International History Review*, 15:3 (1993), pp. 441~60.

[38] John Malcolm, *The Political History of India* (London, 1815); M. Elphinstone, *The History of India* (London, 1841).

1 Brentano, Lujo, *Eine Geschichte der wirtschaftichen Enwicklung Englands*, 3 vols. (Jena: G. Fischer, 1929); Karl Bücher, *Die Entstehung der Volkerswirtschaft* (1893).

2 H. Pirenne, *Medieval Cities* (Princeton University Press, 1952), chs. 3~4.

3 E. J. Hamilton, *American Treasure and the Price Revolution in Spain 1501~1660* (Cambridge, Mass.: Havard University Press, 1934).

4 R. S. Duplessis, *Transition to Capitalism in Early Modern Europe* (Cambridge University Press, 1997), pp. 235~40.

5 조선시대 후기의 신분제 동요와 중인층 성장, 또는 독립소농의 발전을 통한 농업 생산력 발전 등이 학계에서 집중적으로 조명을 받은 것이 이에 해당한다. 뿐만 아니라 1970년대 출간된 최종식의 《서양경제사론》(1978)은 돕의 견해와 오오츠카 학파의 해석을 충실히 소개하고 있는데, 당시 역사 및 사회과학도 사이에 가장 널리 읽힌 도서의 하나였다.

6 예컨대, 《서양사론》 29 · 30 합집(1988)의 한국서양사학회 창립 30주년 기념특집 주제는 "19세기 시양사회와 노동계급의 형성"이었다. 이 특집의 필자들, 이민호, 박지향, 김인중, 정현백, 유경준 교수는 영국, 독일, 프랑스, 미국의 사례를 검토하면서 한결같이 톰슨의 시각과 방법을 언급하고 있다.

7 나종일, 《영국근대사연구》(서울대출판부, 1979).

8 나 교수가 검토한 역사가는 제프리 엘튼과 리처드 토니이다. J. R. Elton, *The Tudor Revolution in Government* (Cambridge University Press, 1953); R. H. Tawney, *The Agrarian Problem in the Sixteenth Century* (London: Longman, 1912).

9 나종일, 《영국근대사연구》, 31~33, 109~10쪽.

10 오주환, 《영국근대사회연구》(경북대출판부, 1992, 서문.

11 민석홍, 《서양근대사연구》(일조각, 1975), 69~90쪽.

12 같은 책, 81~87쪽.

13 나종일, 《영국근대사연구》, 246~52쪽.

14 임희완, 《영국혁명의 수평파운동》(민음사, 1988).

15 J. R. Jones, *The Revolution of 1688 in England* (London: Weidenfeld and Nicolson, 1972); W. W. Rostow, *The Stages of Economic Growth* (Cambridge University Press, 1960); R. M. Hartwell, ed., *The Causes of the Industrial Revolution in England* (London: Methuen, 1967); A. Briggs, *Victorian Cities* (Harmondsworth: Penguin, 1968); Thompson, *Making*; J. Cannon, *Parliamentary Reform, 1640~1832* (Cambridge University Press, 1973); O. MacDonagh, "The Nineteenth-Century Revolution in Government," *Historical Journal*, 1 (1958); D. Roberts, *Victorian Origins of the British Welfare State* (New Haven: Yale University Press, 1960); D. Fraser, *The Evolution of the British Welfare State* (London: Macmillan, 1973).

16 R. Samuel, "The Workshop of the World: Steam Power and Hand Technology in Mid-Victorian Britain," *History Workshop Journal*, 3 (1977); N. F. R. Crafts, *British Economic Growth during the Industrial Revolution* (Oxford University Press, 1985); W. D. Rubinstein, *Elites and the Wealthy in Modern British History* (Brighton: Harvester, 1987); M. J. Wiener, *English Culture and the Decline of the Industrial Spirit, 1850~1980* (Cambridge University Press, 1981); J. Rule, *The Labouring Classes in Early*

Industrial England 1750~1850 (London: Longman, 1986).

[17] G. Stedman Jones, *Language of Class: Studies in English Working Class History 1832~1982* (Cambridge University Press, 1983); P. Joyce, *Visions of the People: Industrial England and the Question of Class 1848~1914* (Cambridge University Press, 1991).

[18] J. C. D. Clack, *English Society 1688~1832: Ideology, Social Structure and Political Practice during the Ancien Régime* (Cambridge University Press, 1985); J. Cannon, *Aristocratic Century* (Cambridge Universtiy Press, 1984); P. Mandler, *Aristocratic Government in the Age of Reform: Whigs and Liberals 1830~1852* (Oxford University Press, 1990).

[19] 《역사학보》 148, 159, 163, 171, 179, 187집에 실린 〈회고와 전망-영국사편〉에서 언급된 1990~2004년간의 논문 252편 가운데 145편(58퍼센트)이 19세기를 다루고 있다.

[20] 정희라, 〈로버트 필 정부의 종교정책과 보수당 분열〉, 《서양사론》 76호 (2003); 최현미, 〈콥던의 재정개혁방안과 글래드스턴의 재정개혁〉, 《영국연구》 12호(2004).

[21] 김기순, 〈글래드스딘의 리더십〉, 《영국연구》 3호 (1999); 〈글래드스턴과 여론정치〉, 《영국연구》, 6호 (2001).

[22] 김현수, 〈19세기 영국의 외교정책〉, 《서양사론》 43호 (1994); 〈영국 외교정책의 딜레마〉, 《영국연구》 5호 (2001).

[23] 이영석, 〈언어, 공장, 산업화〉, 《사회와 역사》 56호(1999); 김성준, 〈근대 영국 해운업의 발전과 전문선주의 등장〉, 《서양사론》 75호 (2002).

[24] 송병건, 〈18, 19세기 영국인의 생활권〉, 《영국연구》 9호 (2002); 〈직종분화의 역사와 산업 혁명의 재해석〉, 《영국연구》 12호 (2004).

[25] 이영석, 〈영국 경제의 쇠퇴와 영국 자본주의의 성격, 1870~1914〉, 《경

제오와 사회》 27호 (1995).

26 이태숙, 〈빅토리아 초기의 영국인과 뉴질랜드 식민사업〉, 《서양사론》 38호 (1992).

27 이영석, 《산업혁명과 노동정책》(한울, 1994); 김택현, 〈차티즘운동의 경로〉, 《나종일박사 정년기념논총》(박영사, 1992).

28 조용욱, 〈영국의 노동귀족과 노동운동 그리고 노동사가〉, 《한국학논총》 19집 (1996).

29 김명환, 〈페이비언 사회주의의 소비자민주주의와 산업통제론〉, 《서양사론》 39호 (1992); 〈경제적 민주주의를 향한 두 자유〉, 《영국연구》 2호 (1998); 〈영국 신디칼리즘의 사상적 배경〉, 《영국연구》 9호 (2003).

30 김상수, 〈에드워드시대의 보수언론과 사회주의 담론의 영향〉, 《영국연구》 11호 (2004).

31 박지향, 《제국주의-신화와 현실》(서울대출판부, 2000); 〈근대에서 반근대로: 일본의 대영인식의 변화〉, 《영국연구》 9호 (2003).

32 박형지 · 설혜심, 《제국주의와 남성성》(아카넷, 2004).

33 강남식, 〈여성의 가내노동자화에 대한 여성노동운동의 전략〉, 《영국연구》 12호 (2004); 이성숙, 〈영국 빅토리아 시대의 성병방지법과 매춘여성들〉, 《서양사론》 69호(2001).

34 박지향, 《슬픈 아일랜드》(책세상, 2002); 《일그러진 근대》(푸른역사, 2003).

35 김상수, 〈보수언론과 사회주의 담론의 영향〉; 김기순, 〈아일랜드 자치법안과 지식인〉, 《영국연구》 12호 (2004); 이영석, 〈이스트 엔드, 가깝고도 먼 곳〉, 《서양사론》 81호 (2004).

1 경제위기 이후 여러 대학에서 전공학생의 감소를 이유로 사학과를 비롯한 인문학 전공을 없애고 교양과정으로 개편하거나 또는 기존의 교양과정부마저 해체하려는 움직임을 보여준다. 이제 대학의 역사 전공자는 사실상 '잉여교수'로 내몰리고 있다.

2 1970년대 중엽 1,700명선에 이르렀던 영국 대학의 역사강의 담자자 수는 1980년대에 10퍼센트 이상 줄었다. 세기 말에 이르면 40세 미만의 전문 역사가를 대학에서 찾아보기 힘들 것이라는 비관적인 전망도 나오고 있다. David Cannadine, "British History: Past, Present and Future?" *Past and Present* 116 (1987), pp. 171, 181~82를 볼 것. 프랑스는 예외적으로 역사학이 활력을 유지하고 있는데, 이는 중등학교 역사교육의 비중이 크고 몇몇 탁월한 역사가들이 학문적 성취와 함께 대중적 명성을 누리는 데 기인하는 것 같다.

3 1990년대에 *Social History, Past and Present* 등의 학술지에서 포스트모던 역사 서술에 관한 일련의 논쟁이 벌어졌다. 그 논쟁의 문헌전거는, 이영석, 〈언어로의 전환과 노동사의 위기〉, 《영국연구》 1호 (1997), 71~99쪽을 볼 것. 포스트모던적 경향에 대한 포괄적인 소개로는, 안병직 외, 《오늘의 역사학》(한겨레신문사, 1997)에 수록된 글들과 이 책에 대한 서평, 육영수, 〈'내일의 서양사'를 위한 제언〉, 《역사학보》 158집 (1998), 271~91쪽을 볼 것. 이외에, 주명철, 〈사회사에서 문화사로〉, 《한국사시민강좌》 8집 (1991), 182~202쪽; 정현백, 〈역사 연구에서 '문화'의 역할〉, 《역사교육》 56집 (1994), 121~60쪽을 참조.

4 Keith Jenkins, On *'What Is History?'. From Carr and Elton to Rothy and White* (London: Routledge, 1995), p. 35; Frank Ankersmit, "Historiography and Postmodernism," *History and Theory* 28:2 (1989), p. 149쪽; Lawrence Stone, "History and

Postmodernism," *Past and Present* 131 (1991), pp. 217~18.

5 그러나 이것은 어디까지나 서양사학도의 문제제기일 뿐이라는 한계를 가진다. 나는 사회과학적 역사와 포스트모던적 경향을 개략하면서 다음의 문헌에 크게 의존했다. 특별한 경우가 아니면 구체적인 인용 전거는 생략한다. Gerog Iggers, *Historiography in the Twentieth Century* (Wesleyan University Press, 1997); Richard Evans, *In Defence of History* (London: Granta Books, 1997).

6 랑케는 자신의 책의 서문에서 이렇게 기술한다. "역사는 미래의 이익을 위해 과거를 판단하고 현재에 가르침을 주는 일을 맡아왔다. 이 책은 그와 같은 고원한 임무를 바라지 않는다. 다만 '실제로 그것이 어떻게 일어났는가'를 보여주고자 할 뿐이다." 이 마지막 귀절은 역사 연구에 대한 랑케의 태도를 보여주는 것으로 널리 알려졌다. Evans, *In Defence of History* p. 17에서 재인용.

7 Edward H. Carr, *What Is History?* (Harmondsworth: Penguin Books, 1964); Gerffrey R. Elton, *The Practice of History* (London: Fontana Books, 1969).

8 역사 서술에서 신문화사적 접근에 관해서는, 김기봉, 〈역사 서술의 문화사적 전환과 신문화사〉,《오늘의 역사학》, 146~95쪽을 볼 것.

9 현대 기호학의 여러 이론은 김경용,《기호학이란 무엇인가》(민음사, 1994)를 볼 것.

10 자크 데리다Jaques Derrida는 여기에서 더 나아가 언어와 의미 사이의 관계란 단어가 발음되는 매순간마다 변한다고 주장한다. 언어는 '의미 작용의 무한한 놀이'이다. 원래부터 의미를 결정하는 초월적인 '기의'는 없는 것이다. 모든 것은 단어들의 단순한 정렬이자 담론이며 텍스트일 뿐이다. 우리는 오직 언어를 통해서 세계를 이해하기 때문에 모든 것이 텍스트이다. 텍스트 이외에 아무 것도 없다. 이런 식으로 보면, 원래

과거를 구성하는 것, 사료, 역사가의 역사 서술 또한 모두가 텍스트에 지나지 않는다. 이상은 Evans, *In Defense of History*, p. 95 참조.

11 바르트는 역사 지식의 객관성을 낳는 이러한 현상을 '지시적 착각 referential illusion'이라 불렀다. 결국 모든 역사 서술은 과거처럼 가장하는 사실들의 집합이며 가장무도회에 참여한 기표들의 행렬일 뿐이라는 주장이다. Roland Barthes, "The Discourse of History," in idem, *The Rustle of Language* (University of California Press, 1989), pp. 127~48; Evans, *In Defense of History*, p. 94 참조.

12 역사 서술의 문학성을 강조하는 견해에 관해서는, 조지형, 〈'언어로의 전환'과 새로운 지성사〉, 《오늘의 역사학》, 229~49쪽을 볼 것.

13 Lorence Stone, "The Inflation of Honours 1558~1641," *Past and present* 14 (1958), pp. 45~70.

14 Anthony Easthope, "Romancing the Stone: History—Writing and Rhetoric," *Social History* 18:2 (1992), pp. 235~49.

15 Carr, *What Is History?*, p. 12; George Kitson Clark, *The Making of Victorian England* (Cambridge University Press, 1962), pp.61~62. 키슨 클라크는 이 사건을 조지 생거George Snager라는 한 인사의 회고록에서 재인용했다.

16 Evans, *In Defense of History*, pp. 76~78.

17 같은 책, p. 78.

18 Stone, "Hsitory and Post—Modernism," p. 189.

19 이영석, 《산업혁명과 노동정책》

20 데이비드 에이브러햄David abraham은 바이마르 공화국에 관한 연구서를 프린스턴 대학 출판부에서 펴냈는데, 동일한 사료로 연구한 헨리 터너Henry A. Turner는 그 책이 문서고 사료를 의도적으로 날조했다고 꼬집었다. 대학에 책의 출판을 주선한 독일사가 제럴드 펠드먼

Gerald Feldman은 이에 따라 대학원생과 함께 그 책의 인용전거와 참조를 세밀히 검토했다. 그는 문서를 직접 인용한 것처럼 가장한 사례를 포함해 부정확한 의역, 틀린 인용전거, 사료의 왜곡 및 날조 등 수백여 가지의 심각한 오류를 찾아낸 후에 동료 역사가들에게 그 사실을 공개하는 한편, 에이브러햄을 부교수로 임명하려던 대학 측에도 취소하라는 서한을 보냈다. 결국 에이브러햄은 임명이 취소되었고 다음에 그는 법과대학원을 우수한 성적으로 졸업한 후, 이번에는 대학의 법과교수직을 얻었다. 이상은 Evans, *In Defense of History*, pp. 116~17 참조.

[21] 같은 책, pp. 59~60.

[22] Lorence Stone, "The revival of Narrative Reflection on a New Old History," *Past and Present* 85 (1979), pp. 74~96.

[23] Dominick LaCapra, *History and Criticism* (Cornell University Press, 1987), pp. 36, 42.

'역사학을 위한 변론', 그 이후

[1] Richard Evans, *In Defence of History* (Lodnon: Granta 1997);《역사학을 위한 변론》, 이영석 옮김 (소나무, 1999). 이 글에서는 번역본을 인용한다. 이 책에 대한 국내 서평으로는 다음을 참조. 김기봉 서평,《영국연구》2호(1998), 267~75쪽; 최갑수, 〈포스트모더니즘에 대한 두 가지 대응〉,《교수신문》2000년 10월 9일자.

[2] 웹진의 논쟁에 관한 정보를 전해 준 조승래 교수에게 감사드린다.

[3] Richard Evans, "In Defence of History: Reply to Critics," from www.ihrinfo.ac.uk/ihr/reviews/ moevans.html, pp. 12~13 참조.

[4] E. H. Carr, *What Is History?* (1961);《역사란 무엇인가》, 김택현 옮김 (까치 1998); G. R. Elton, *The Practice of History* (New York:

Crowell 1967).

5 《역사학을 위한 변론》, 5~6쪽.

6 같은 책, 133~34쪽.

7 같은 책, 191~93쪽.

8 같은 책, 276~78쪽.

9 이를테면 젤딘Theodore Zeldin의 일련의 저술과, 샤머Simon Schama 의 프랑스혁명사 연구에 대한 평가가 이에 해당한다(같은 책, 95, 187, 317쪽 참조).

10 같은 책, 158~59쪽.

11 같은 책, 156~57쪽.

12 같은 책, 115~16쪽.

13 같은 책, 122쪽.

14 같은 책, 127~28쪽.

15 그는 책의 마지막 부분에서 그 믿음을 이렇게 표현한다. "나는 여전히 낙관적이어서 객관적인 역사 지식이 바람직하며 도달할 수 있다고 믿는 다"(같은 책, 327쪽). 따라서 에번스는 카의 상대주의적 태도에 대해 매우 비판적이다. 그는 객관성과 인과관계에 대한 카의 설명을 따져 묻고, 그의 설명이 실제로는 소비에트 계획경제에서 인류의 미래를 찾는 그의 신념과 관련된 것이라는 결론을 내린다(같은 책, 293~99쪽).

16 에번스에게서 객관성에 대한 굳건한 믿음과 상상력의 강조는 서로 배치 되는 것이 아니다. 그는 책의 마지막 부분에서 과거를 시적 대상으로 탐 구하는 역사가의 열정에 관한 트리벨리언의 감동적인 묘사를 인용한 뒤 에 다음과 같이 덧붙인다. "오랫동안 트리벨리언의 견해는 아주 낡고 시대에 뒤떨어진 것처럼 보였다. 역사학에 대한 포스트모던적 공격이 가져온 한 가지 결과는, 시와 상상력에 대한 그들의 강조를 다시 한번 현대적인 것으로 보이게 만든 점이다. 그렇지만 그것은 사실에 의해서

단련된 시와 상상력이라고 할 수 있다"(같은 책, 324쪽).

17 Daniel Jonson, "The History Man," *Prospect*, November 1997, 64~65; Matthew Trinica, "History: Impossible Dream?" *The Australian*, 3 Dec. 1997. 이밖에 애플비[Joyce Aappleby도 기본적으로 에번스는 1970년 이전 역사학을 뒤돌아보는 사람들에게나 위안을 안겨줄 것이라고 비판한다. J. Appleby, "Does it Really Need Defending?," *The Time Literary Supplement*, 1997년 10월 31일자.

18 Evans, "In Defence of History: Reply to Critics," 6.

19 Jonson, "The History Man,"; Michael Burleigh, "Making History or Maing-up History?" *The Sunday Telegraph*, 14 Sep. 1997. 실제로 《역사학을 위한 변론》은 엘튼 외에도 로버츠Andrew Roberts, 빈센트 John Vincent, 마릭Arthur Marwick, 트레버로퍼Hugh Trever-Roper 등의 에피소드를 소개할 때 풍자 또는 조롱투의 어법을 구사한다는 인상을 준다.

20 《역사학을 위한 변론》, 264쪽.

21 Anthony Easthope, "Continuous Discourse: History and it's postmodern critics," from www. ihrinfo.ac.uk/ihr/reviews /antony.html>; Diane Purkis "Richard Evans, Yet Once More," from www.ihrinfo.ac.uk/ihr/reviews/richard.html>; Alun Munslow, "The Postmodern in History: A Response to Professor O'Brien," from www.ihrinfo.ac.uk/ihr/reviews/alun.html

22 Easthope, 같은 글, pp. 2~4.

23 Appleby, "Does it really need defending?," p. 10.

24 Easthope, "Continuous Discourse," p. 6.

25 Keith Jenkins, Why History? (London: Routledge, 1999), pp. 100~101.

[26] Evans, "In Defence of History: Reply to Critics," p. 13.

[27] 같은 글, p. 14.

[28] 같은 글, pp. 24~25.

[29] 같은 글, p. 30.

[30] 같은 글, pp. 65~6.

[31] 《역사학을 위한 변론》, 13~14쪽.

[32] 8장 주 20을 볼 것

[33] 《역사학을 위한 변론》, 166~67쪽.

[34] P. Joyce, *Democratic Subjects: The Self and the Social in Nineteenth Century England* (Cambridge University Press, 1994), p. 6.

[35] Evans, "In Defence of History: Reply to Critics," pp. 37~38.

[36] 논문 쓰기에 관해서 요즈음 내가 느끼는 고민과 새로운 시도를 한 예로 소개한다. 원래 사회경제사에 관심을 기울여온 나는 논문에서도 수와 통계의 덫에서 벗어나 어떻게 흥미로운 서술이 가능할 수 있는가 고심해 왔다. 나에게는 어떤 사건을 흥미 있게 기술하거나 한 인간의 내면 심리를 꼼꼼하게 서술할 만한 자료가 충분하지 않다. 그러나 적어도 영국 근대사회에 관한 다양한 독서를 통해 근대의 특정한 현상에 대해서 구체적이지는 않지만, 멀리서 쳐다본 희미한 풍경을 그려낼 수 있을 것 같았다. 최근에 19세기 런던의 사회사적 풍경과, 18세기 상인의 생활세계를 이러한 방식으로 묘사한 바 있다. 몇몇 사료로 그림의 구도를 잡고 다양한 2차 문헌의 자료들로 풍경을 그리는 방식이라고 할 수 있는데, 이것 또한 이전에 내가 작성한 논문 형식을 넘어서려는 새로운 실험이다. 나는 이들 논문에서 인과관계 추론, 사료에 관련된 분석 등은 본문에서 가능한 한 배제했으며, 주에서 따로 처리했다. 이영석, 〈19세기 런던-사회사적 풍경들〉, 《안과밖: 영미문학연구》 9호 (2000), 93~116쪽; 〈18세

기 초 런던 상인의 생활세계〉, 《사회와 문화》 60호 (2001), 306~38쪽.

디지털시대의 역사학, 긴장과 적응의 이중주

1 윤원철, 〈디지털 정보 시대와 인간〉, 최혜실 엮음, 《디지털 시대의 문화 예술》(문학과지성사, 1999), 50~53쪽.

2 하이퍼텍스트(매개고리를 가진 텍스트)를 이용해 인터넷에 구축된 전세계적 규모의 정보시스템.

3 마셜 맥루한, 《미디어의 이해》, 박정규 옮김(커뮤니케이션스북스, 1999) 참조.

4 프랜시스 케언크로스, 《거리의 소멸: 디지털 혁명》 홍석기 옮김(세종서적, 1999), 47~48쪽.

5 1990년 185만 명에서 2001년 5억 1,341만 명으로 추정된다. 이상은 다음 사이트를 볼 것. (2001. 9. 30) http://stat.nic.or.kr/iuser.html.

6 1995년 579곳에서 2001년 41만 2,151곳으로 급증한다. (2001. 11. 30 http://stat.nic.or.kr/kr_domain.html).

7 맥루한, 《미디어의 이해》, 33쪽.

8 이 논란에서 한 인사는 독자 투고에서 "대영도서관이 맡아온 공공열람실 제공자로서의 전통적인 역할" 대신에 "전자 형태의 책을 대학과 공공도서관에 제공하는 창고" 역할을 추구하는 계획에 의문을 표시하면서 그것은 "학문 작업, 다시 말해서 원전을 바탕으로 독창적 창조물을 만드는 작업의 기초를 송두리채 파괴하는 정책"에 지나지 않는다고 비판한다 (*London Review of Books*, September 9, 1993, pp. 4~5). 이와는 대조적으로 비슷한 시기에 미국 컬럼비아 대학 당국은 2,000만 불 규모의 도서관 신축을 취소하고 그 대신에 매년 1만 권의 고서적을 디지털 정보로 저장하는 계획을 시작했다. 이상은 윌리엄 미첼, 《비트의 도시》, 이희

재 옮김 (김영사, 1999), 75~77쪽 참조.

9 이 새로운 경향은 다음을 볼 것. 김기봉, 《'역사란 무엇인가'를 넘어서》 (푸른역사, 2000); 곽차섭 편, 《미시사란 무엇인가》(푸른역사, 2000). 조한욱, 《문화로 보면 역사가 달라진다》(책세상, 2000).

10 이하 설명은 주로, 리처드 에번스, 《역사학을 위한 변론》, 이영석 옮김 (소나무, 1999), 133~34, 191~93, 276~78쪽 참조.

11 최근에 인과성을 중시하는 역사 서술의 이러한 전통에서 벗어나서 시간을 거슬러 올라가거나 또는 미술에서 점묘법이라고 일컫는 방식으로 삶의 다양한 측면들을 저자의 의도를 배제한 채 독자에게 제시해 그들이 각각의 '점'들을 자기 나름대로 연결하도록 하는 시도가 이루어졌다. 앞의 사례로는 *Hellmut Diwald, Geschichte der Deutschen* (Frankfurt am Main, 1978), 뒤의 사례로는 Theodore Zeldin, *A History of French Passions* (Oxford: Oxford University Press, 1983); 시어도어 젤딘, 《인간의 내밀한 역사》, 김태우 옮김(강, 1999) 등을 들 수 있다.

12 인기를 끌었던 영화 〈매트릭스Matrix〉는 현실과 허구의 경계를 어떻게 정할 것인가라는 주제를 다룬다. 그 줄거리는 다음과 같다. 인공두뇌를 가진 컴퓨터 AL의 지배를 받는 세계가 있다. 컴퓨터 AL은 사람들이 태어나면 곧바로 뇌세포에 메트릭스리는 프로그램올 입력해 컴퓨디가 민든 인공자궁에 갇혀 살아간다. 프로그램 안에서 사람의 뇌는 AL의 철저한 통제를 받는다. 사람의 기억은 컴퓨터에 의해 입력 또는 삭제된다. 가상현실에서 진정한 현실을 인식할 수 있는 사람은 없다. 결국 매트릭스 밖에서 가상현실의 꿈으로부터 벗어난 사람들과 그들이 찾아낸 영웅 '앤더슨'이 매트릭스에 대한 단서를 찾아내고 마침내 AL과 투쟁을 통해서 인류를 컴퓨터의 지배에서 해방시킨다.

13 김민제, 〈그리스-로마사 연구와 교육에 필요한 인터넷 자료〉, 《서양사론》 58호(1998), 165~81쪽; 김민제, 〈르네상스 역사 연구와 교육에 필

요한 인터넷 자료〉, 《서양사론》 63호(1999), 141~58쪽; 장준철, 〈서양 중세사 월드 와이드 웹 자료의 분석과 활용 방안〉, 《서양사론》 59호 (1998), 137~50쪽.

14 http://www.hongik.ac.kr/~mjkim

15 http://mahan.wonkwang.ac.kr/medlink/link.htm

16 http://www.persus.tufts.edu/, http://www.promo.net.pg/, http://orb.rhodes.edu /default.html

17 http://www.spartacus.schoolnet.co.uk/industry.html

18 http://www.ihrinfo.ac.uk/

19 http://www.ihrinfo.ac.uk/search/welcome.html

20 http://cs.muohio.edu /mainpage.html〉

21 2000년 5월 현재 선정된 것은 Milton Friedman and Anna Jacobson Schwartz, *A Monetary History of the United States*; Ivy Pinchbeck, *Women Workers and the Industrial Revolution*; Max Weber, *The Protestant Ethic and the Spirit of Capitalism* 등이다.

22 *The Journal for Multi-Media History.* 〈http://www.albany.edu/jmmh/〉.

23 〈http://www.ihrinfo.ac.uk/ihr/reviews/discourse1.html〉

24 Richard Evans, *In Defence of History* (London: Granta Books, 1997); 《역사학을 위한 변론》 참조.

25 조한욱, 조지형, 박순준, 이종경, 김유경, 이영효 등의 홈페이지 꼽을 수 있다.

26 서양사학회 〈http://www.hongik.ac.kr/~westhist〉; 영국사학회 〈http://kyunghee.ac.kr/~tslee〉; 문화사학회 〈http:// cc.knue. ac. kr/~hocho〉.

27 http://khc.hongik.ac.kr/.

28 주23에서 언급한 국내 연구자들이 인터넷 수업에 관심을 기울인다. 인

터넷 수업의 중요성과 활용방안에 관해서는 이종경, 〈인터넷을 활용한
역사교육의 가능성 탐구〉, 《역사교육》 66호 (1998), 1~30쪽을 볼 것.

29 〈http://cc.knue.ac.kr/~hocho〉.

■ 원고 출처

※ 이 책에 실린 글들은 아래의 지면을 통해 처음 발표되었다. 원고 가운데 일부는 제목
  이나 내용 면에서 대폭 수정과 가필을 거쳤음을 밝힌다.

스코틀랜드 계몽운동과 오리엔탈리즘–《담론201》 사회역사학회, 15호(2004).
근대의 신화–《담론201》 21호(2006).
오늘의 역사학은 무엇을 할 수 있는가–《전남사학》 전남사학회, 12집(1998).
'역사학을 위한 변론', 그 이후– 김기봉 외, 《포스트모더니즘과 역사학》(푸른역사, 2002).
디지털 시대의 역사학, 긴장과 적응의 이중주–《영국연구》 영국사학회, 5호(2001)

사회사의 유혹Ⅱ
다시, 역사학의 길을 찾다

- 2006년 9월 20일 초판 1쇄 인쇄
- 2006년 9월 30일 초판 1쇄 발행
- 글쓴이 ──────── 이영석
- 펴낸이 ──────── 박혜숙
- 책임편집 ──────── 신상미
- 영업 및 제작 ─────── 양선미
- 인쇄 ──────── 백왕인쇄
- 제본 ──────── 경일제책
- 펴낸곳   도서출판 푸른역사
  우 140-170 서울시 용산구 동자동 5-1 성사빌딩 207호
  전화: 02)756 · 8956(편집부) 02)756 · 8955(영업부)
  팩스: 02)771 · 9867
  홈페이지: http://www.bluehistory.co.kr
  전자우편: bhistory@hanmail.net
  등록: 1997년 2월 14일 제13-483호

ⓒ 이영석, 2006

ISBN   89-91510-33-7 03900
        89-91510-31-0 (세트)

· 잘못 만들어진 책은 교환해드립니다.